RELATOS

Edinumen

En este libro se incluyen los tres relatos ganadores del **Concurso de relatos para la clase de ELE** de Editorial Edinumen:

1.er Premio. *La leyenda del castillo*, de Miguel Ángel Albujer.
2.º Premio. *Siete estudiantes en busca de un romance*, de Patricia González.
3.er Premio. *Llueve en Madrid*, de María Martín.

Agradecimientos:
Nuestro más sincero reconocimiento a Marisa de Prada por la génesis de este proyecto.

ISBN: 978-84-9848-329-1
Depósito Legal: M-14138-2011
Impreso en España
Printed in Spain

Edición: David Isa
Diseño de portada: Juanjo López
Diseño y maquetación: Ana Gil y Carlos Yllana
Fotografías: Archivo Edinumen, Miguel Ángel Albujer (pág. 61)

Explotación didáctica: Daida Romero (relatos 3, 6, 7, 8, 9 y 10), David Isa (relato 1), María Martín (relato 2), Miguel Ángel Albujer (relato 4) y Patricia González (relato 5).

Impresión:
Gráficas Glodami. Coslada (Madrid)

Editorial Edinumen
José Celestino Mutis, 4. 28028 - Madrid
Teléfono: 91 308 51 42
Fax: 91 319 93 09
e-mail: edinumen@edinumen.es
www.edinumen.es

Prólogo

Relatos. Historias cortas para aprender español es un material con pequeñas grandes historias que atrapan al lector, al mismo tiempo que le ayudan a mejorar su español.

Cada relato cuenta una **temática diferente**, y están redactados por escritores de renombre y autores con experiencia en la enseñanza de español.

El objetivo de este libro es acercar diferentes textos a aquellos estudiantes interesados en la lectura, al mismo tiempo que realizan **actividades de comprensión lectora** y practican lo que han aprendido. Se han incluido actividades orales por si el profesor quiere llevar el material al aula. Si la lectura es individual, estas actividades se convertirán en actividades de reflexión de texto por parte del estudiante.

En cada uno de los relatos, según la complejidad de los textos, se recomienda los **niveles** de español a los que va dirigido. Esto no impide que niveles superiores puedan a acceder y disfrutar con la lectura de todos los relatos.

Al mismo tiempo, cuenta con la **grabación** de cada uno de los relatos para aquellos estudiantes que también quieran aprender escuchando el texto a través de voces españolas, favoreciendo así su **comprensión auditiva**.

Ahora, siéntate, elige tu nivel y disfruta de la lectura.

Índice

¿Qué significan estos símbolos?

- Actividad de expresión e interacción orales.
- Actividad para realizar con Internet.
- Actividad de expresión e interacción escritas.
- Número de la audición.

I

Quince microrrelatos de sentimientos

David Isa de los Santos*

A1 A2

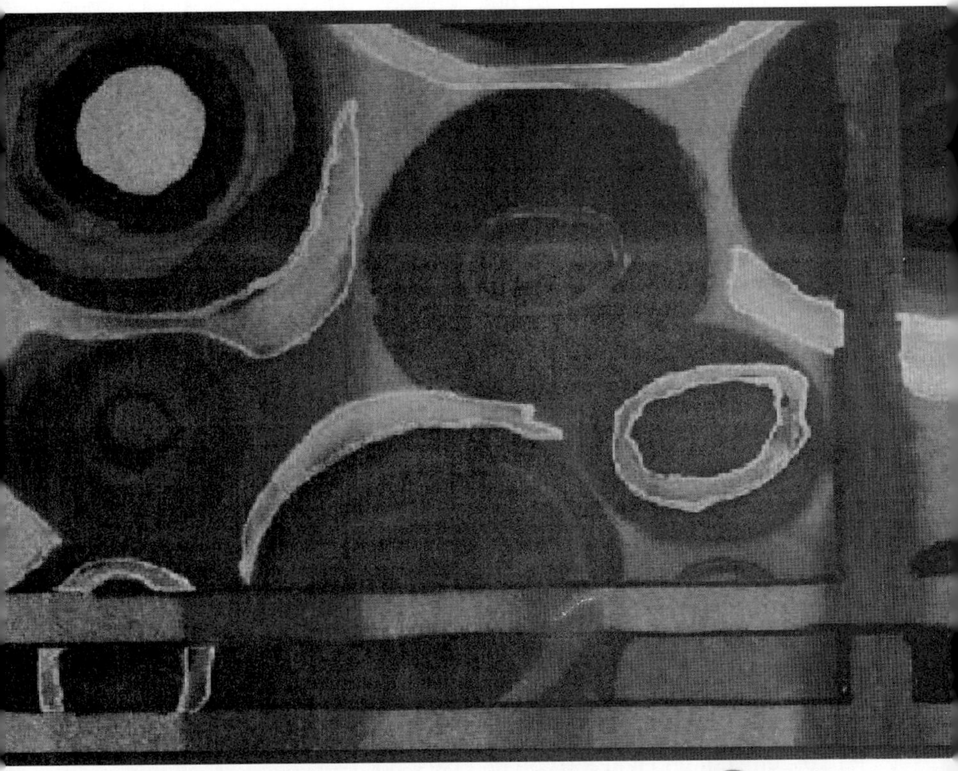

1-15

* (Sevilla, 1977). Licenciado en Filología Hispánica y Máster en Enseñanza de ELE por la UPO. Es autor de diferentes materiales de español y de lengua de signos. Ha sido profesor de Enseñanza Secundaria y actualmente compagina su trabajo de editor con el de profesor de Español.

ANTES DE LA LECTURA

1. **Relaciona estos quince sentimientos con sus significados.**

1. Nostalgia	**a.** Lo que sentimos por una persona a la que queremos mucho.
2. Aburrimiento	**b.** Sensación positiva cuando nos pasa algo que nos gusta mucho.
3. Soledad	**c.** Tristeza profunda que hace que no se encuentre diversión por nada.
4. Alegría	**d.** Sensación que se tiene cuando pasa algo triste.
5. Insatisfacción	**e.** Pérdida total de esperanza.
6. Melancolía	**f.** Lo que sentimos cuando algo nos hace daño o nos da pena.
7. Pesimismo	**g.** Confianza de que ocurra lo que se desea.
8. Felicidad	**h.** Falta de amor.
9. Esperanza	**i.** Sensación de tener lo que se desea o se quiere.
10. Pena	**j.** Sensación de no tener lo que se desea o se quiere.
11. Desesperación	**k.** Falta de compañía.
12. Amor	**l.** Sensación que se tiene cuando algo nos da placer y uno se siente bien.
13. Desamor	**ll.** Cansancio originado cuando algo nos aburre o no nos distrae.
14. Satisfacción	**m.** Tristeza por haber perdido algo bueno.
15. Dolor	**n.** Situación en la que se ven las cosas de forma negativa.

2. **Agrupa estos sentimientos en positivos y negativos.**

Positivos	Negativos

3. **Lee las siguientes frases y piensa qué sentimientos te producen.**

a. Recibir un regalo.
b. Terminar una relación con una persona.
c. No tener amigos.
d. Pasear por el campo.
e. Conocer a nuevas personas.
f. Perder a una persona querida.

1

NOSTALGIA

Abro el cajón, veo tu foto y todavía, diez años después, lloro.

1. **¿De quién crees que es la foto? ¿Por qué?**

2. **¿Cómo se siente ante la foto?**

a. Feliz. **b.** Triste. **c.** Indiferente.

3. **Escribe una lista de los motivos por los que crees que llora al ver la foto.**

2

ABURRIMIENTO

Cada vez que nazco mi vida es diferente. Intento conocer gente nueva, pero no lo consigo. Intento hacer otras cosas, pero no puedo. Intento vivir, pero es inútil.

1. **¿Qué crees que significa aquí el verbo *nacer*?**

a. Empezar a vivir. **b.** Levantarse. **c.** Soñar.

2. **Escribe las tres cosas nuevas que intenta hacer cada día.**

3. **¿Cómo se siente esta persona ahora? ¿Cómo crees que es su vida?**

4. **Escribe tres cosas nuevas que quieres hacer en tu vida.**

3

SOLEDAD

Radio Nacional de España informa. Un mimo muere **asfixiado**[1] en su propia caja imaginaria mientras actuaba en las calles de Salamanca.

1. **¿Dónde aparece esta noticia?**
   a. En la prensa. **b.** En la radio. **c.** En la televisión.
2. **¿Qué es un mimo?**
   a. Actor que utiliza los gestos y movimientos.
   b. Actor de teatro.
   c. Payaso o *clown*.
3. **¿Qué crees que simbolizan *la caja* y *la muerte*? El título te puede ayudar.**

4

ALEGRÍA

Escucho un ruido en el salón. Me levanto silenciosamente y abro la puerta de mi habitación. Papá y mamá duermen. No lo entiendo. Hay alguien en el salón. Tengo miedo, pero intento ser valiente. Hace calor, o eso creo. Camino lentamente. Enciendo la luz. No veo a nadie. Pero hay un regalo para mí debajo del árbol. Sonrío. Ahora comprendo todo.

1. **Contesta las siguientes preguntas.**
   a. ¿Quién es el/la protagonista?
   b. ¿Qué época del año es? ¿Por qué?
   c. ¿En qué parte de la casa se encuentra esta persona?

[1] **Asfixiado, a:** que no puede respirar.

2. **Señala en el texto los verbos irregulares en presente de indicativo y escribe sus infinitivos.**

3. **Ordena los sentimientos por los que pasa esta persona en el relato.**

☐ *Ansiedad* ☐ *Sorpresa* ☐ *Incertidumbre*
☐ *Alegría* ☐ *Miedo* ☐ *Felicidad*

5
INSATISFACCIÓN

Quiero gritar a todos que soy feliz. Soy feliz cuando río y cuando lloro. Soy feliz cuando me levanto cada día y abro las ventanas. Cuando respiro fuerte y el viento llega a mi cara. Cuando no me siento sola porque estoy contigo. Lo peor es cuando me despierto de este maravilloso sueño.

1. **¿Cuándo se siente triste la protagonista?**

   a. En la vida real. **b.** En el sueño.

2. **¿Qué significa *Soy feliz cuando río y cuando lloro*?**

3. **¿En su vida real está sola o está con la persona a la que ama? Señala la frase que lo indica.**

4. **¿Qué sueños tienes en tu vida?**

6
MELANCOLÍA

Como cada día, viajas sola. *Piiii.* Te miro, pero no me miras. *Próxima estación: Alegría.* Tus ojos persiguen las letras de un libro cualquiera. *Correspondencia con Línea 1.* Quiero hablarte y decirte que me llamo Carlos. *Atención, estación en curva. Tengan cuidado para no introducir el pie entre coche y andén.* ¿Un café juntos?, pienso. *Próxima estación: Soledad.* No soy capaz de hacerlo. *Final de* ***trayecto***[2].

1. **¿Dónde ve a la chica todos los días?**

   a. En el autobús. **b.** En el tren. **c.** En el metro.

2. **Señala a quién corresponden estas afirmaciones.**

	🚹	🚺		🚹	🚺
a. Viaja solo.	☐	☐	**c.** Va en el metro.	☐	☐
b. Lee un libro.	☐	☐	**d.** Dice su nombre.	☐	☐

3. **Señala en el texto las palabras que indican el medio de transporte que coge.**

4. **¿Te ha pasado alguna vez algo parecido? ¿Has querido algo que no puedes tener?**

7

PESIMISMO

Hoy me he acostado a las ocho, he cenado café con leche y he regresado a casa. He terminado el trabajo a las nueve y he empezado a las cinco. He desayunado en casa con unos amigos a las nueve y a las once me he despertado. Como ves, doctora, siento que mi vida es un **caos**[3].

1. **¿Por qué crees que la vida del protagonista es un caos? ¿Dónde está el protagonista?**

2. **Escribe qué hace a estas horas.**

   8:00 .... 17:00 .... 21:00 .... 23:00 ....

3. **Escribe de nuevo la historia pero con los verbos colocados correctamente.**

---

[2] **Trayecto:** viaje o espacio que se recorre.

[3] **Caos:** desorden.

8

FELICIDAD

Instrucciones para ser feliz:

1. Ponte bajo las estrellas.
2. Cierra los ojos fuertemente.
3. Piensa en tu niñez durante cinco minutos.
4. Siente la luz de cada una de las estrellas en tu cuerpo.
5. Abre los ojos y descubre que una sonrisa te inunda todo.

Repite este ejercicio diariamente y piensa que la felicidad consiste en recordar los buenos momentos.

1. Contesta verdadero (V) o falso (F).

	V	F
a. Este ejercicio tienes que realizarlo de noche.	☐	☐
b. Los ojos están abiertos.	☐	☐
c. Tienes que pensar en recuerdos de pequeño.	☐	☐
d. Recordar nuestras vidas nos da felicidad.	☐	☐

2. ¿Estás de acuerdo con la afirmación *La felicidad consiste en recordar los buenos momentos*? Habla con tu compañero.

3. Escribe una instrucción similar para aprender español.

9

ESPERANZA

Camino lentamente con el **hastío**[4] como amigo. Bajo las escaleras sin mirar a nadie. No sé, creo que **tropiezo**[5], pero no me

[4] **Hastío:** fastidio, aburrimiento.

[5] **Tropezar:** dar con los pies en algo y la posibilidad de caer al suelo.

importa. La desesperación y la tristeza son mi billete de metro. Al llegar al **andén**[6] me coloco como siempre, en el mismo lugar y sin mirar a nadie. Algo siento que me hace girar. Y allí está él, inmóvil e inerte. Me **contraigo**[7] y siento algo nuevo. Lo llamaré ilusión. Me acerco, saco mi **pluma**[8] y escribo mi teléfono. Espero que me llames, le digo. Llega el tren. Me subo. Hasta mañana, amor.

1. **Contesta estas preguntas.**
   a. ¿Dónde está la chica?
   b. ¿Cómo va cada mañana?
   c. ¿A quién ve en el andén del metro?
   d. ¿Qué siente cuando lo ve?
2. **¿Actuarías de esta forma? ¿Por qué crees que lo hace? Habla con tu compañero.**
3. **Imagina un final para esta historia y cuéntasela a tu compañero.**

10

PENA

Coges un folio, blanco y limpio. Lo doblas y haces una bola con él. Ahora vuelves a abrir el folio. ¿Ves que ya no está igual que antes? Tiene marcas, ¿verdad? Unas marcas que ya nunca, nunca se van a quitar. Así me has dejado el corazón tras tu partida. Marcado por ti. Por tus recuerdos. Por una vida juntos. Pero estoy contento, porque te quedarás en mi corazón para siempre.

---

[6] **Andén:** lugar donde se espera al tren o al metro.

[7] **Contraer:** juntar, estrechar.

[8] **Pluma:** similar al bolígrafo, pero con tinta que se puede cambiar para escribir.

1. **¿Por qué siente dolor esta persona?**

a. Por un abandono.

b. Por la pérdida de un ser querido.

c. Por una distancia.

2. **Busca en el texto un sinónimo de:**

Eliminar: .... Hoja: .... Memorias: ....

Señales: .... Ida: .... Similar: ....

3. **Inventa una historia sobre estos dos personajes teniendo en cuenta que este texto es su final.**

11
DESESPERACIÓN

–Perdone, ¿para ir a la calle Princesa?

–Mire. ¿Ve esa calle de ahí? Sí, esa que está toda en **obras**[9]. No sé si sabe, pero aquí en Madrid todo el año están de obras. Si no están cortadas las calles, es el tráfico el que invade todo. Y aquí nadie hace nada para evitarlo. Luego el **alcalde**[10] dice que aquí no pasa nada, que todo se hace por la ciudad, por mejorarla, porque los ciudadanos disfruten de ella… No lo dudo, pero esto no puede seguir así. ¿Y el ruido? No sabe usted el ruido que hay por las noches. Y nadie hace nada. La gente grita y bebe en las calles. Es horrible. No se lo puede imaginar…

–Sí, pero… ¿para ir a la calle Princesa?

–Ah, no lo sé. No soy de aquí.

---

[9] **Obra:** lugar en construcción o reparación.

[10] **Alcalde:** responsable de una ciudad, elegido por la gente.

1. Contesta verdadero (V) o falso (F). V F

a. Estos hombres se encuentran en Madrid. .... ☐ ☐

b. Uno de ellos se queja de la ciudad. .... ☐ ☐

c. Están cortadas todas las calles de Madrid. .... ☐ ☐

d. Para el alcalde esta situación es normal. .... ☐ ☐

e. Los dos hombres sienten desesperación. .... ☐ ☐

2. Inventa un diálogo similar con tu compañero.

3. ¿Qué tres problemas dice que tiene Madrid? ¿Es algo normal en las grandes ciudades?

4. Imagina que eres el alcalde de una ciudad y escribe algunas soluciones para evitar estos problemas.

12
AMOR

–¡Mamá, por favor, nos cuentas otra vez la historia! –gritan los niños.

–Bueno, vale, pero luego os tenéis que dormir –dice la madre con **resignación**[11]. La madre se sienta en su sillón y empieza a contar–. Esta es la historia de un niño que no sonríe. Su familia viene a verlo, entra en su casa, lo mira, pero nadie consigue **desprender**[12] esa tristeza de su cara. Nadie sabe ni cómo ni dónde empieza esa tristeza. Lo que sí se sabe es que el niño no sonríe. Jaime no tiene amigos, pero sale todas las tardes a jugar con el sol. El sol le ilumina la cara, y ese es el único momento del día en el que el niño sonríe. Camina solo, la gente lo

[11] **Resignación**: paciencia.

[12] **Desprender:** quitar.

mira y le sonríe, pero él no dice nada. Nadie sabe por qué pero se refieren a él como el triste niño que no sonríe. Con el tiempo, una tarde cualquiera, de un mes cualquiera paseando por el río, ve a una chica. Una chica juguetona, alegre y simpática. Lo mira. La mira. Se miran. En ese momento el niño emite una **leve**[13] sonrisa que ilumina su cara para siempre. Ahora sabéis que lo que necesita es amor. Desde ese momento, pasea por la vida junto a esa chica y sonríen juntos. Ahora sí es feliz. Pero la gente lo recuerda como la historia del triste niño que no sonríe. Sin embargo, solo vosotros y yo sabemos la verdadera historia. Y así es como vuestro padre y yo nos conocimos por primera vez... –les dice la madre a sus hijos. Pero ya **se habían dormido**[14].

1. **Escribe otro título para este relato.**

2. **Señala las afirmaciones correctas.**
   - [ ] **a.** La historia es un hecho real.
   - [ ] **b.** Su familia sabe por qué está triste.
   - [ ] **c.** Jaime no tiene amigos.
   - [ ] **d.** Jaime conoce a su mujer paseando por el río.
   - [ ] **e.** Los niños se duermen después de terminar la historia.

3. **Piensa en las posibles causas de esa tristeza de Jaime. ¿Crees que esa tristeza se debe a una niñez difícil?**

4. **¿Cuándo termina esa tristeza? ¿Por qué?**

[13] **Leve:** de poca importancia.

[14] **Se habían dormido:** pretérito pluscuamperfecto, que indica un pasado anterior a otro finalizado.

13

DESAMOR

Jaén, 14 de febrero de 2006

Hola, mi amor.

La verdad es que no creo mucho en este día. Para mí es simplemente un día más. Espero no usar solo este día para acordarme de lo mucho que te quiero, porque prefiero demostrártelo día a día. Quiero celebrar hoy los seis meses que llevamos juntos y lo mucho que sigo queriéndote. Estoy feliz por todo este tiempo que llevo contigo. Indudablemente todo ha sido maravilloso. No me quejo. Para nada.

Quiero darte las gracias porque siempre estás ahí en el momento oportuno, cuando te necesito. Cuanto más te conozco, más segura estoy que quiero compartir mi vida contigo. Hay días en los que una se levanta peor y otros mejor. Saber que hay alguien ahí para preguntarte cómo estás, eso, eso es un lujo. Y me encanta que seas tú. Gracias por tocar mi corazón.

Todavía me río del día en que nos conocimos. Me gustaste, pero pensé que eras de estos chicos ***creídos***[15] *y sin nada que aportar a mi vida. Pero fue la mejor decisión de mi vida. Tomar algo contigo y conocerte.*

Me hace ilusión escribirte una carta y qué mejor momento que en este día, amor. Porque realmente empezamos así tras regresar tú a tu ciudad. Empecé a amarte a través de las letras, a través de las palabras. Carta a carta. Es que las palabras van al corazón, cuando han salido del corazón.

Hoy es domingo, y me apetecía contarte cómo me siento. Te escribo también un poema que quiero que sea la banda sonora de nuestra vida, de unos ***protagonistas***[16] *que estoy segura de que van a ser muy felices.*

Gracias por ser así. Te amo.

Después de leerla mil veces, decido romperla para no recordar que te he amado.

[15] **Creído, a:** orgulloso.

[16] **Protagonista:** personaje principal en una película u obra literaria.

1. Contesta estas preguntas.

a. ¿Qué día escribe esta carta?
b. ¿Qué se celebra ese día?
c. ¿Por qué la escribe?
d. ¿Se separan después de conocerse?
e. ¿Cómo continúa su relación?

1. Por teléfono. 2. Por Internet. 3. Por carta.

f. ¿Se siente el joven ahora enamorado?

2. Escribe ahora la respuesta del chico a esta carta.

14
SATISFACCIÓN

1. ¿Qué significa *ser un erasmus*? Habla con tu compañero.

2. El texto trata sobre una chica erasmus. Lee el título y escribe sobre qué crees que va a tratar el relato.

3. Relaciona las siguientes palabras con su definición.

1. Reto.	**a.** Ponerse en posición horizontal.
2. Tumbarse.	**b.** Sentir pena por su falta.
3. Hierba.	**c.** Objetivo difícil de conseguir.
4. Echar de menos.	**d.** Planta pequeña y verde.

Marie entra en su habitación y cierra la maleta. Es un día especial porque va a comenzar una nueva vida en España. Es la primera vez que sale de su pueblo. Es todo un reto, dicen sus amigos. Es una ilusión, responde ella. Viene a España a estudiar su último año en la universidad. No habla muy bien español, pero tiene ganas de aprenderlo. Siente ilusión, felicidad, pero al mismo tiempo miedo y tristeza por dejar a los suyos atrás.

Ahora se encuentra en Sevilla. Sonríe cuando pasea por sus calles y observa sus blancas casas. Habla con la gente. Se divierte. Sale. Entra. Por primera vez se siente feliz y enamorada. Verdaderamente enamorada.

Hoy es sábado y Marie se siente triste y sola. Quizás no es feliz. Quizás quiere regresar a casa. Empieza a llorar y corre. Corre por las calles. Por esas calles por las que continuamente pasea sonriendo. Corre y corre velozmente. Llega a un solitario parque y se tumba en la hierba. Por qué vine, grita a la Luna. Echa de menos todo y pide a la luna regresar a casa.

A la mañana siguiente, su madre la llama para desayunar. No entiende nada. Qué hago aquí, piensa. ¿Cuándo llegué?, pregunta a sus padres. Ayer llegaste rara de la universidad y te acostaste, responden sus padres. Estás rara desde que decidiste no ir a España. Confundida, comprende que todo ha sido un sueño. Ahora se siente feliz por estar en casa. Pero también está triste por esa vida en Sevilla que ha vivido. Echa de menos España y ese sueño de amor. Se siente triste y sola. Empieza a llorar. Sale de casa y corre. Corre por las calles de su pueblo. Por esas calles por las que continuamente pasea sonriendo. Corre y corre velozmente. Llega a un solitario parque y se tumba en la hierba. Por qué estoy aquí, grita a la Luna. Echa de menos Sevilla y pide a la Luna regresar.

4. **¿Crees que Marie ha tenido un sueño?**

5. **¿Por qué crees que ahora echa de menos Sevilla?**

6. **¿Cómo crees que acaba la historia? Lee el final de la historia y comprueba.**

Al día siguiente, Marie se despierta y está tumbada en la hierba del parque. Todo fue un sueño, piensa. Ahora sí sonríe de felicidad porque tiene cuanto quiere.

Han pasado ya unos años desde entonces. Marie se tumba cada noche en la hierba de ese parque en Sevilla y habla con la Luna. Cierra los ojos y sueña.

7. Elige la opción correcta.

a. Al principio Marie vive en ***un pueblo* / *una ciudad*.**

b. Viene a estudiar su ***primer* / *último*** año de universidad.

c. En Sevilla está ***enamorada* / *sola*.**

d. Ahora Marie vive en ***Sevilla* / *su pueblo*.**

8. Resume el relato anterior en unas líneas.

9. ¿Piensas que es importante que los jóvenes estudien en el extranjero? ¿Qué ventajas tiene?

15

DOLOR

1. ¿Qué opinas sobre las formas de relación social en Internet? ¿Crees que se puede llegar a conocer verdaderamente a la gente de esta forma?

2. Observa las siguientes palabras y trata de definirlas con tu compañero.

despacho • teclas • oficina • cita • uniforme • cristal • llamada

Lucía trabaja limpiando unas oficinas. Como cada noche, pasea por sus despachos, limpiando las mesas, una a una, cuidadosamente. La monotonía es su música de fondo. Una noche, limpiando un teléfono cualquiera, le da sin querer a una de las teclas y sale una voz. No sabe si contestar o no, pero esa voz le atrae. No sabe cómo, pero contesta pese a su timidez.

–Hola, soy Rubén. ¿Quién eres? –contesta una voz cálida y suave.

–Soy Lucía –responde ella. Me gusta su voz piensa él. Me gusta él, piensa ella–. Perdón, le he dado sin querer.

–No pasa nada –indica él–. Hasta otro día.

Al día siguiente, Lucía entra en la oficina. Mira el teléfono y duda. Su corazón late rápidamente y decide pulsar la misma tecla que la noche anterior le contactó con él. Contesta la misma voz.

–Soy Lucía, la chica de ayer.

–Hola, Lucía. ¿Qué tal?

–Pues bien. Me apetecía hablar con alguien. ¿Puedes?

–Sí, claro. Te estaba esperando.

Noche tras noche se repite la misma historia. Ahora Lucía está feliz. Cada noche deja atrás sus problemas. Su vida. Una complicada relación con su marido. Sus problemas económicos. Ahora sí es ella. Siente algo por él, y él por ella. Cada noche ríen juntos, hablan de sus vidas y de sus ilusiones. Siente que el amor está **resurgiendo**[17] en ella y creciendo en él.

Un día deciden que la siguiente noche va a ser especial. Rubén tiene algo importante que comunicarle. Ella cree que sabe qué es. Tiene ganas de conocerlo, de dejar los problemas atrás y empezar una nueva vida. Rubén le dice que para esa noche tiene que llevar un traje especial y una botella de vino. Ella sonríe porque está feliz. Será una cita. Mi primera cita, piensa ella.

* * *

[17] **Resurgir:** volver a aparecer.

3. Busca en el texto una palabra para estas definiciones.

a. Lugar donde trabajan profesionales. ....

b. Pieza de un teléfono u ordenador. ....

c. Reunión o encuentro. ....

d. Sala de una oficina. ....

4. ¿Qué crees que va a ocurrir en la cita? Escribe el final de la historia.

El día transcurre con nerviosismo. Hoy su vida va a cambiar. Lo sabe. Decide ir de compras y ve un vestido largo y negro con el que impresionarlo. Lo guarda en secreto para esa noche. Ansía que llegue ya la hora. Sale de casa una hora antes de lo normal. Entra rápida en su trabajo. Se quita el uniforme y se viste con el traje negro. En la mano lleva una copa y una botella de vino. Se dirige a la oficina. Por primera vez me siento enamorada, piensa. Por primera vez me siento querida.

Entra y se dirige a la mesa. El teléfono no está. La tecla que cada noche pulsa no está. Suenan cristales en el suelo. El vino **inunda**[18] todo su vestido. Se sienta en una silla y llora. Llora triste y sola.

–No está mi amor –grita–. Me han robado la felicidad. –Llora sin parar.

Mientras, Rubén espera cada noche una llamada.

5. Con la información del texto, describe a Lucía y a Rubén.

Lucía: ....

....

Rubén: ....

....

[18] **Inundar**: lleno o cubierto por un líquido.

6. **Lee estas frases del texto y elige la opción correcta.**

1. Le da sin querer a una de las teclas:
   - [ ] **a.** No sabe que pulsa una tecla.
   - [ ] **b.** Sabe que pulsa una tecla.
2. La monotonía es su música de fondo:
   - [ ] **a.** Su vida es aburrida.
   - [ ] **b.** Su vida es diferente cada día.
3. Siente que el amor está resurgiendo:
   - [ ] **a.** No siente amor.
   - [ ] **b.** Empieza a enamorarse.
4. El día transcurre con nerviosismo:
   - [ ] **a.** Pasa el día nerviosa.
   - [ ] **b.** El día es raro.
5. El vino inunda todo su vestido:
   - [ ] **a.** Su vestido no tiene vino.
   - [ ] **b.** Su vestido tiene vino.
6. Me han robado la felicidad:
   - [ ] **a.** Ya no es feliz.
   - [ ] **b.** Ahora sí es feliz.
7. Rubén espera cada noche una llamada:
   - [ ] **a.** Él sabe qué ha pasado.
   - [ ] **b.** Él no sabe qué ha pasado.

7. **¿Piensas que realmente está enamorada? ¿Qué crees que debe hacer Lucía para recuperar esa felicidad?**

DESPUÉS DE LA LECTURA

1. ¿Qué relato te ha gustado más? ¿Por qué?

2. Completa esta tabla con cosas que te producen estos sentimientos.

Melancolía	Felicidad	Soledad	Alegría

3. Escribe un pequeño relato donde trates de expresar uno de estos sentimientos.

....

....

....

....

....

....

4. Cuestionario. Habla con tu compañero sobre sus sentimientos.

a. Siento pena cuando...

b. Siento alegría cuando...

c. Siento dolor...

d. Siento desesperación...

e. Siento insatisfacción...

5. Con mímica, representa una situación y el resto de la clase tiene que adivinar de qué sentimiento se trata.

ANTES DE LA LECTURA

1. 1. m; **2.** ll; **3.** k; **4.** b; **5.** j; **6.** c; **7.** n; **8.** l; **9.** g; **10.** d; **11.** e; **12.** a; **13.** h; **14.** i; **15.** f.

2. **Positivos:** alegría, felicidad, esperanza, amor, satisfacción.

Negativos: nostalgia, aburrimiento, soledad, insatisfacción, melancolía, pesimismo, pena, desesperación, desamor, dolor.

DURANTE LA LECTURA

Nostalgia

2. b.

Aburrimiento

1. b.

Soledad

1. b; **2.** a; **3.** Simbolizan la soledad que muchas personas padecen, que viven en un mundo del que es difícil salir. Mientras, la gente no reacciona ante esta situación.

Alegría

1. **a.** Un niño pequeño; **b.** Es Navidad y es el día de los Reyes Magos. porque hay un regalo bajo el árbol (el árbol de Navidad); **c.** En su habitación.

2. Duermen (dormir), entiendo (entender), hay (haber), tengo (tener), enciendo (encender), veo (ver), hay (haber) y sonrío (sonreír).

3. 1. Incertidumbre; **2.** Miedo; **3.** Ansiedad; **4.** Sorpresa; **5.** Alegría; **6.** Felicidad.

Insatisfacción

1. b.

2. Que siempre es feliz, en cualquier circunstancia.

3. Está sola (*Lo peor es cuando me despierto de este maravilloso sueño*).

Melancolía

1. c.

2. **a.** Ella; **b.** Ella; **c.** Los dos; **d.** Él.

3. Son todos los mensajes que se escuchan cuando vas en el metro para avisar a los pasajeros: *Piii* (sonido del metro al cerrar las puertas), *Próxima estación Alegría, Correspondencia con Línea 1, Atención, estación en curva. Tengan cuidado para no introducir el pie entre coche y andén, Próxima estación Soledad, Final de trayecto.*

Pesimismo

1. Se encuentra en una consulta con una doctora.

2. 8:00 (Se ha acostado), 17:00 (Ha empezado a trabajar), 21:00 (Ha desayunado), 23:00 (Se ha despertado).

3. Hoy me he despertado a las ocho, he desayunado en casa café con leche y he salido de casa. He empezado el trabajo a las nueve y he terminado a las cinco. He cenado en casa con unos amigos a las nueve y a las once me he acostado.

Felicidad

1. **a.** V; **b.** F (Están cerrados); **c.** V; **d.** V.

Esperanza

1. **a.** En el metro; **b.** Con hastío (fastidio, aburrimiento); **c.** A un chico del que está enamorada; **d.** Siente ilusión (amor).

Pena

1. b.

2. Eliminar (*quitar*); Hoja (*folio*); Memorias (*recuerdos*); Señales (*marcas*); Ida (*partida*); Similar (*igual*).

Desesperación

1. **a.** V; **b.** V; **c.** F (Solo esa calle); **d.** V; **e.** V (uno ante la situación de Madrid y el otro ante la falta de respuesta).

3. Las obras, el tráfico y el ruido.

Amor

2. a, c, d.

Desamor

1. **a.** El 14 de febrero; **b.** El día de San Valentín (día de los enamorados); **c.** Para mostrarle su amor y lo mucho que lo quiere; **d.** Sí; **e.** 3; **f.** No, porque rompe la carta para no recordar ese amor.

Satisfacción

1. Son estudiantes universitarios que reciben una beca Erasmus para estudiar en otro país.

3. 1. c; **2.** a; **3.** d; **4.** b.

7. **a.** pueblo; **b.** último; **c.** enamorada; **d.** Sevilla.

Dolor

3. **a.** Oficina; **b.** Tecla; **c.** Cita; **d.** Despacho.

6. 1. a; **2.** a; **3.** b; **4.** a; **5.** b; **6.** a; **7.** b.

II

Llueve en Madrid

María Martín Serrano*

A2 B1

16

* (Madrid, 1983). Máster en Enseñanza del Español como Lengua Extranjera por el Instituto Cervantes en colaboración con la UIMP y licenciada en Periodismo por la Universidad Complutense de Madrid. Actualmente se encuentra finalizando la licenciatura en Filología Hispánica y trabaja en el Instituto Cervantes de Cracovia.

ANTES DE LA LECTURA

1. ¿Qué conoces de Madrid? Completa con palabras, expresiones o ideas que relacionas con esta ciudad.

....		....
....	Madrid	....
....		....

2. Compara tus ideas con las de otros compañeros de clase. En grupos, preparad una pequeña descripción sobre Madrid. ¿Qué imagen tenéis de esta ciudad?

3. En el texto que vas a leer, aparecen todas las palabras de estas tres columnas. ¿Cuál es 'el intruso' en cada columna?

a.	b.	c.
COCINA	METRO	CAFÉ
ENTRENADOR	BAR	CARNE
PARTIDO	CANTANTE	TÉ
GOL	TIENDA	MESA
EQUIPO	RESTAURANTE	ENSALADA

4. En grupos, pensad en otras palabras o expresiones que podéis incluir en cada columna.

5. Antes de leer *Llueve en Madrid*, haz hipótesis sobre el tema y los personajes de la historia. ¿Puedes escribir una pequeña sinopsis del texto?

Apaga la televisión. Bebe un poco del café con leche que hay en la mesa y se tumba en la cama. Gonzalo no tiene sueño. Su mente empieza a recordar situaciones de su pasado reciente, como el día en que llegó a Madrid, hace ya cuatro meses.

Cuando ***aterrizó***[1] *en el aeropuerto de* ***Barajas***[2] *llovía mucho. Esperaba sol, calor y fiesta. El estereotipo desapareció con la lluvia de agosto y las absurdas preguntas de algunos periodistas desesperados en un verano sin noticias. Salió de la Terminal 4 del aeropuerto y recorrió las calles desiertas de la capital en un coche caro. Subió a la habitación del hotel, se acostó en la cama y cerró los ojos. Dos horas después se despertó, miró por la ventana y vio la* ***Gran Vía***[3]. *Entonces pensó que Madrid era diferente a la ciudad que aparecía en su imaginación.*

Madrid le impresionó desde el principio. Gonzalo tenía 21 años y llegaba a España como el gran ***fichaje***[4] *del* ***Atlético de Madrid***[5]. *Era su primera aventura lejos de Argentina, de Buenos Aires, de su familia. Abandonaba la estabilidad para empezar un proyecto interesante y difícil al mismo tiempo. Podía* ***triunfar***[6], *ser uno de los mejores futbolistas de la* ***liga***[7] *española, jugar en la competición europea, marcar goles, aparecer en la primera página de los periódicos, ser un ídolo. También podía fracasar, volver a Argentina sin fama ni goles. Solo tenía un año de contrato para demostrar que no* ***era uno más***[8].

---

[1] **Aterrizar:** llegar un avión al aeropuerto.
[2] **Barajas**: aeropuerto de Madrid.
[3] **Gran Vía:** calle muy famosa del centro de Madrid.
[4] **Fichaje:** deportista contratado por un club.
[5] **Atlético de Madrid:** equipo de fútbol de Madrid fundado en 1903. Es conocido por su camiseta roja y blanca.
[6] **Triunfar:** tener éxito.
[7] **Liga:** competición deportiva.
[8] **Ser uno más:** ser una persona que no destaca, sin talento especial.

Después de dormir ocho horas, Gonzalo se despierta. Tiene **entrenamiento**[9]. Desayuna poco y baja al garaje. Allí le espera su coche **de segunda mano**[10]. El club puso a su disposición un conductor, pero él prefiere conducir, aunque odia el tráfico de Madrid. Gonzalo sube al coche y pone el disco de un cantante español que también es muy famoso en Argentina, **Joaquín Sabina**[11]. Su música le ayuda en los malos momentos.

Los primeros meses en el club no fueron fáciles. Muchos de sus compañeros pensaban que era otro de esos futbolistas que solo buscan fama y dinero rápido. Después de los primeros entrenamientos, el capitán del ***equipo***[12]*, Antonio Vázquez, un madrileño de más de 30 años que actuaba como líder del grupo, dijo a la prensa que era un argentino sin carácter, un* ***delantero***[13] *sin fuerza. Gonzalo lo leyó al día siguiente en la primera página del* ***Marca***[14]*. Su afición a la literatura, a la* ***canción de autor***[15]*, su poca habilidad con los videojuegos y su ausencia en las fiestas ayudaron a crear su imagen de chico raro y futbolista atípico.*

Antes de los entrenamientos, Gonzalo recibe un masaje en la espalda. El preparador físico, Miguel Ángel, lleva muchos años en el club y le trata como un hijo.

–¿Has visto el **AS**[16] de hoy? –le pregunta.

–No, ya sabes que para informarme te tengo a ti. Para eso te pago –ríe Gonzalo.

–Mejor. Nada importante…

Desde el principio, Gonzalo recibió críticas muy duras que afectaron a su estabilidad profesional. Los goles no llegaron en los primeros

[9] **Entrenamiento:** preparación deportiva.
[10] **De segunda mano:** usado, no nuevo.
[11] **Joaquín Sabina:** famoso cantante español.
[12] **Equipo:** grupo de personas que practican un deporte.
[13] **Delantero:** futbolista que juega en la parte delantera del equipo.
[14] **Marca:** periódico deportivo español.
[15] **Canción de autor:** estilo de música, normalmente tranquila, en la que el cantante escribe y canta sus canciones.
[16] **AS:** periódico deportivo español.

partidos[17]*, muchos periodistas no entendían su presencia en el equipo y el entrenador prefería a otros compañeros. Su* ***representante***[18] *hizo un esfuerzo para mejorar su imagen pública. Planeó entrevistas con los principales medios de comunicación, firmó contratos publicitarios y creó un perfil de facebook con cientos de admiradores. A Gonzalo no le gustaba ese universo virtual y sufría el estrés de la fama y las críticas.*

Gonzalo termina el entrenamiento. El frío que hace en Madrid a principios de enero no ayuda a calmar sus dolores de espalda. Es una semana importante. El domingo el equipo juega el primer partido del año contra un rival directo. Hay una atmósfera especial. Cuando llega a casa, el futbolista argentino conecta el ordenador. Tiene un correo electrónico de su hermana Claudia y otro de Silvia. El primero lo lee. El segundo no.

Gonzalo pensaba todos los días en su familia y amigos. Imaginaba los goles de su equipo de toda la vida, el ***River Plate***[19]*, y sentía la necesidad de volver a la tranquilidad de lo conocido. Recordaba a Silvia, la joven de ojos negros con la que compartió los últimos seis meses en Argentina y que le dio un papel escrito a mano en el aeropuerto de* ***Ezeiza***[20]*. En ese momento no quiso leerlo y cuando llegó a España lo guardó en un cajón de la mesita de noche.*

Tras leer el correo de Claudia va a la cocina y prepara algo fácil para cenar. Le gusta la comida española, similar en muchas cosas a la argentina. Cena mientras ve en la televisión un vídeo del próximo rival. El partido es aburrido y la mente de Gonzalo vuelve a viajar, a recordar las dificultades que tuvo para encontrar su nueva casa.

Gonzalo no quería vivir en un barrio residencial de gente rica. El futbolista argentino prefería el centro, el ritmo de la Gran Vía, de la

---

[17] **Partido:** juego deportivo.

[18] **Representante:** mánager.

[19] **River Plate:** club de Buenos Aires, conocido como 'los millonarios'. Rival histórico del Boca Juniors, el otro gran club argentino.

[20] **Ezeiza:** aeropuerto de Buenos Aires.

calle Fuencarral[21]*, de* ***Malasaña***[22]*. Finalmente decidió alquilar un ático en la zona de* ***Tirso de Molina***[23]*, una opción extraña para muchos de sus compañeros de equipo. Cuando se instaló en el apartamento ordenó sus libros y discos y decoró la casa de forma minimalista. Escuchó* ***Peor para el sol***[24]*. Por fin se sentía en casa.*

Al día siguiente, el despertador suena a las ocho de la mañana. Gonzalo decide ir a desayunar a la calle, al bar que está debajo de su casa, el Bar Cortesía. Gonzalo entra y saluda a José, el camarero. Es seguidor del Atlético de Madrid.

–¿Cuántos goles vas a meter el domingo? –pregunta José.

–Pues... tres o cuatro.

–Por cada gol, un desayuno gratis.

–¡Perfecto! –contesta Gonzalo.

Durante los primeros meses a Gonzalo le sorprendieron muchas cosas. Le encantaba la vida de la gran ciudad, la atmósfera del centro, los bares de barrio, el contacto con la gente, la forma de hablar. Los españoles eran rápidos y pasionales. En algunos aspectos eran como los argentinos, especialmente en su carácter, pero también tenían algunas diferencias. Los horarios le parecían caóticos. Nunca sabía cuándo era la hora de comer o de cenar, cuándo cerraban las tiendas, cuándo empezaban y terminaban de trabajar. Todo tenía un ritmo extraño. Le encantaba oírles hablar, siempre tan directos. También le gustaba la pronunciación de los madrileños, marcando cada sonido, cada final de palabra, cada «c» y cada «z». Muchas veces escuchaba conversaciones de otros en la calle o en los restaurantes como un ***extraterrestre***[25] *que descubre un planeta diferente. Definitivamente, estaba fascinado por aquella ciudad.*

---

[21] **Calle Fuencarral:** calle del centro, famosa por su ambiente joven y comercial.

[22] **Malasaña:** barrio del centro de Madrid, famoso por sus bares y su ambiente nocturno.

[23] **Tirso de Molina:** zona del centro de Madrid.

[24] ***Peor para el sol:*** canción de Joaquín Sabina incluida en el disco «Física y química» (1992).

[25] **Extraterrestre:** habitante de otro planeta.

–¿Cuánto es el café y los **churros**[26]? –pregunta Gonzalo cuando termina de desayunar.

–Lo de siempre.

–Olvidé el dinero en casa.

–No te preocupes, mañana me pagas. ¡Suerte!

A Gonzalo le gustaba el ambiente del Bar Cortesía, tan diferente a los sitios a los que iban sus compañeros de equipo. Durante los primeros meses, José, el camarero, era lo más similar a un amigo que tenía en Madrid. Se sentía solo e iba al bar para hablar con él. Fue una gran ayuda en unos meses demasiado difíciles.

*«Nadie entiende el fichaje de Gonzalo». «Un goleador sin gol». «Un proceso de adaptación demasiado largo». «No puede ser **titular**[27]». Los periódicos deportivos publicaron estas frases durante sus primeros meses en Madrid. El argentino no entendía esos comentarios. Cuando los leía, pensaba en Buenos Aires. Recordaba a sus padres y, especialmente, a Claudia, su hermana mayor. Estaba casada con Marco, un informático un poco antipático, pero buena persona. No tenían hijos. Parecían felices. Silvia también continuaba en sus recuerdos. No tenía fuerzas para llamarla por teléfono. Tampoco para leer el papel que ella le dio en el aeropuerto.*

Llega el fin de semana y el partido, Atlético de Madrid y Real Zaragoza, cuarto clasificado contra quinto. Gonzalo marca un gran gol y su equipo gana. El **Vicente Calderón**[28] celebra el triunfo. La afición le **aplaude**[29] con fuerza. Le entrevistan al final del partido. No dice nada interesante. Sonríe a los periodistas. Es feliz durante unos momentos. Aquella noche, por primera vez, Gonzalo no quiere soñar con Buenos Aires.

Un día después de aquella primera victoria del año, Gonzalo decide hacer algo diferente. Es lunes y llueve un poco. Quiere salir a la calle, pasear entre la gente, ir en metro y com-

[26] **Churro:** dulce muy típico de Madrid.
[27] **Titular:** jugador que participa desde el principio en un partido.
[28] **Vicente Calderón:** estadio del Atlético de Madrid.
[29] **Aplaudir:** dar palmas con las manos para celebrar algo.

prar libros en alguna tienda del centro. Para un futbolista de Primera División es casi imposible ser anónimo, pero él quiere intentarlo. El invierno es la mejor época del año para lograr su objetivo. Se pone un abrigo, una bufanda, un jersey de color negro y unos pantalones nuevos. Elige un gorro y unas gafas de sol para completar su imagen. Busca las llaves. Cierra la puerta y sale a la calle.

Cruza la plaza de Tirso de Molina y camina por Relatores hasta la calle Atocha. Da un paseo por la **Puerta del Sol**[30], llena de turistas japoneses con cámaras de fotos, grupos de adolescentes, parejas de universitarios y algunos jubilados. Continúa su camino por **Preciados**[31], donde compra camisetas baratas, unas gafas de sol y algunos libros. Sube por la Gran Vía hasta Fuencarral y continúa su ruta por los barrios de **Chueca**[32] y Malasaña. Hace mucho frío. El termómetro marca **dos grados bajo cero**[33]. Entra en un café de la calle Libertad, casi vacío. Se sienta en una mesa y pide un té con leche y un vaso de agua. Se quita el abrigo y la bufanda, pero prefiere mantener las gafas de sol y el gorro como medida de precaución. Mientras toma el té no piensa en el equipo, ni en las críticas, ni en la presión de los próximos meses, tan importantes para su futuro profesional.

Dos horas después, una chica aparece para interrumpir su lectura.

–¿Te gusta **Millás**[34]? Yo prefiero sus artículos, pero tiene algunas novelas que me encantan. ¿Has leído ***Laura y Julio***[35]?

No sabe qué contestar. La imagen de Gonzalo es habitual en la televisión y en los periódicos deportivos.

---

[30] **Puerta del Sol:** plaza del centro de Madrid, muy visitada por los turistas.

[31] **Preciados:** calle muy comercial del centro de Madrid.

[32] **Chueca:** barrio del centro de Madrid, famoso por su ambiente nocturno y por ser el barrio gay de la capital.

[33] **Dos grados bajo cero:** -2 °C.

[34] **Millás:** Juan José Millás (Valencia, 1946) es un periodista y escritor español.

[35] ***Laura y Julio:*** novela de Millás.

–Nunca antes leí a Millás. Es la primera vez. Aún no tengo opinión.

–Me llamo Julia. Vengo por aquí casi todas las tardes. Siempre venimos los mismos. ¿Eres nuevo en el barrio?

Julia no le reconoce. El gorro y las gafas funcionan.

–No vivo demasiado cerca. Llegué a Madrid a finales de agosto y es la primera vez que vengo a este bar. Parece agradable.

–A mí me gusta. Es posible leer, escuchar música tranquila, hablar… Es genial tener lugares así en el centro de Madrid. Bueno, ya te he dicho que me llamo Julia, ¿y tú?

Es absurdo continuar con esta conversación, piensa Gonzalo. Julia le parece simpática, pero no quiere empezar una posible amistad desde el anonimato. Se quita el gorro y las gafas en un impulso casi automático.

–Mucho mejor sin las gafas. Pero, ¿vas a decirme cómo te llamas?

No puede creerlo. En España el deporte se vive con una pasión especial, casi tan intensa como en Argentina. Las imágenes de los futbolistas aparecen todos los días en la prensa, la televisión y la publicidad.

–Soy Gonzalo. Encantado de conocerte, Julia.

Gonzalo la mira. Es una chica normal, no muy alta, con el pelo largo y rizado, los ojos oscuros y la nariz grande. No es especialmente guapa, pero eso no le importa a Gonzalo. Hablan durante horas sobre cine, música, literatura y viajes. También hablan de cosas pequeñas, de detalles, de experiencias. A las once de la noche Gonzalo mira el reloj y piensa que es hora de volver a casa. Al día siguiente tiene entrenamiento a las nueve.

–¿Ya te vas? Aún es muy pronto.

–Mañana tengo que **madrugar**[36]. El despertador suena todos los días a las siete.

[36] **Madrugar:** levantarse de la cama pronto.

Se despiden con dos besos, intercambian sus teléfonos y prometen llamarse. Gonzalo sale del bar con su gorro, su bufanda y sus gafas de sol. Coge la línea 1 en **Tribunal**[37] y baja del metro en la parada de Tirso de Molina. Es lunes, pero siempre hay gente en la calle. Definitivamente, le encanta vivir en el centro de Madrid. Sube a casa y se va a la cama con una sonrisa. Para celebrarlo saca de la maleta un disco de su cantante argentino favorito, **Andrés Calamaro**[38]. Pone ***Paloma***[39] y la canta. *«Quiero un pedazo de cielo para invitarte a dormir en la cama o en el suelo…»*.

[37] **Tribunal:** estación de metro de Madrid.
[38] **Andrés Calamaro:** famoso cantante argentino nacido en Buenos Aires.
[39] ***Paloma*:** canción de Andrés Calamaro.

DURANTE LA LECTURA

1. **Contesta estas preguntas relacionadas con el relato y con Madrid. Después compara tus respuestas con un compañero.**

- **a.** ¿Cuál es el nombre de los dos principales equipos de fútbol de Madrid?
- **b.** ¿Cómo se llama el aeropuerto?
- **c.** Di el nombre de algunas calles y barrios de la capital.
- **d.** ¿Cómo es el carácter de la gente?
- **e.** ¿Qué cosas de Madrid sorprenden más a Gonzalo?
- **f.** ¿Qué recuerda de Buenos Aires?

2. **Selecciona uno de estos personajes que aparecen en el relato y prepara una breve descripción física y de carácter. Busca información en el texto y completa la descripción con hipótesis y opiniones personales.**

GONZALO JULIA SILVIA CLAUDIA MIGUEL ÁNGEL
JOSÉ PERIODISTAS ANTONIO VÁZQUEZ

3. **En grupos, pensad en el papel que Silvia dio a Gonzalo en el aeropuerto de Buenos Aires. ¿Cuál creéis que era el mensaje? ¿Por qué Gonzalo nunca lo abrió?**

4. **Vuelve a leer la sinopsis que escribiste en la actividad 5 de la página 26. ¿Puedes modificarla para crear un resumen real de *Llueve en Madrid*?**

5. **Busca un mapa del centro de Madrid en Internet e intenta reconstruir el recorrido que hace Gonzalo por sus calles. ¿Conoces alguna de ellas? Coméntalo con tu compañero.**

Personalmente, la situación está cambiando. El **Real Madrid**[40], con el que existe una gran rivalidad histórica, ficha a Gabriel Verón, **defensa**[41] argentino que llega a la capital como el refuerzo necesario para ganar el campeonato de liga. Gonzalo y Gabriel se conocen desde la adolescencia y todavía mantienen una relación especial.

Los compañeros de Gonzalo no **ven con buenos ojos**[42] su amistad con Gabriel. Los medios de comunicación encuentran una razón más para criticarle. A pesar de los comentarios, los dos jugadores argentinos comparten conversaciones, cenas en casa e incluso algunos pequeños viajes. Desde un punto de vista personal, todo es más fácil desde la llegada de su amigo.

Después de la victoria contra el Zaragoza, el equipo entra en crisis. «El **Atleti**[43], como siempre», dice el AS. Gonzalo es expulsado en el siguiente partido contra el Valencia. **Tarjeta roja**[44] por **protestar**[45]. El objetivo del club es terminar entre los cuatro primeros. Para seguir en el equipo, Gonzalo tiene que jugar mejor y marcar más goles.

El caso de Gabriel es diferente. Juega en el Real Madrid, uno de los equipos más importantes de Europa. El club no está en su mejor momento, pero participa en la máxima competición europea y está segundo en el campeonato, a solo dos puntos del líder, el Barcelona. La prensa presiona mucho a sus jugadores

---

[40] **Real Madrid:** equipo de fútbol de Madrid fundado en 1902. Tiene nueve Copas de Europa. Es uno de los equipos de fútbol más famosos del mundo.

[41] **Defensa:** futbolista que juega en la parte posterior del equipo.

[42] **Ver con buenos ojos:** ver algo de manera positiva.

[43] **Atleti:** Atlético de Madrid.

[44] **Tarjeta roja:** sanción que significa la expulsión de un jugador en un partido.

[45] **Protestar:** expresar desacuerdo y oposición.

y la adaptación tampoco es sencilla, pero la experiencia de Gabriel está siendo satisfactoria.

Las semanas posteriores al encuentro con Julia, Gonzalo piensa mucho en aquella madrileña anónima con la que compartió té y conversación. De una extraña forma, Julia le recuerda a Silvia, a sus ojos negros y a su mirada triste en el aeropuerto. El papel que le dio aquel día continúa en casa.

Una tarde del mes de marzo, casi dos meses después de su conversación en el bar de la calle Libertad, Gonzalo abre su teléfono móvil y marca aquel número de teléfono escrito en una servilleta de papel.

–¿Sí?

–¿Julia? Soy Gonzalo, no sé si me **recordás**[46]. Nos vimos en un bar y hablamos. No volvimos a coincidir.

–Qué sorpresa tu llamada. Sinceramente, no la esperaba.

La voz de Julia no es como él la recuerda. Parece enfadada.

–Te llamo porque me gustaría volver a **charlar**[47]. Quizá podemos quedar algún día.

–Gonzalo, te vi en la tele unos días después de conocernos, en una entrevista. No me lo podía creer. Eres un futbolista famoso. No sé cuáles son tus intenciones conmigo. ¿Qué quieres? Soy una chica normal, no vivimos en el mismo mundo.

Julia **cuelga**[48] el teléfono. Gonzalo comprende su reacción, pero siente **rabia**[49]. ¿Por qué no es posible tener una relación con una persona normal? ¿Por qué el mundo del fútbol no es el mismo que el del resto de la gente? ¿Por qué no puede volver a quedar con ella?

Gonzalo se tumba en el sofá y lee los titulares de los periódicos. Nuevas críticas. «Gonzalo, el nuevo error argentino del Atleti».

---

[46] **Recordás:** en Argentina, *recuerdas.*

[47] **Charlar:** hablar.

[48] **Colgar:** finalizar una conversación telefónica.

[49] **Rabia:** enfado muy grande.

El artículo del Marca analiza las características de su juego y sus problemas de adaptación. Gonzalo sufre. Abre el correo electrónico y escribe a Claudia: «Quizá es el momento de volver a Buenos Aires».

Aquella misma tarde, recupera su gorro, su bufanda y sus gafas de sol. Sale a la calle. Es casi de noche. Anda por el barrio de **Lavapiés**[50], que casi no conoce. Cuando lo descubrió, le sorprendió su multiculturalidad. Ahora pasea por sus calles para olvidar las críticas. Dos horas más tardes no sabe dónde está. No le gusta sentirse así. De repente ve un pequeño restaurante turco en una calle oscura. Hay poca gente y el local le provoca una sensación extraña. Cena comida turca, carne y ensaladas, y bebe un poco de vino. Un cliente le reconoce y todas las personas del restaurante van a hablar con él. Dos horas después sigue hablando con el propietario y su familia. La **sobremesa**[51] le sorprende. Cuando sale del local, tiene otro humor.

Tres días después, el móvil suena. Es Julia.

–He pensado que podemos vernos un día. Nuestros mundos son diferentes, pero quizá podemos hablar, tomar un té…

Gonzalo no puede creerlo.

–Me parece perfecto, de verdad. ¿**Querés**[52] quedar esta tarde en el mismo café?

–No quiero estar en un lugar público con un futbolista famoso. ¿Por qué no vienes a mi casa? Vivo muy cerca de la calle Libertad.

Gonzalo escribe la dirección en un papel. Seis horas después llama a la puerta de aquel apartamento del barrio de Malasaña. Es pequeño, ordenado y limpio. Definitivamente, Julia le parece

[50] **Lavapiés:** barrio del centro de Madrid, famoso por su atmósfera multicultural y la mezcla de personas de diferentes nacionalidades.

[51] **Sobremesa:** tiempo de conversación después de la comida o la cena. En España es muy habitual tener sobremesas largas.

[52] **Querés:** en Argentina, *quieres*.

especial, diferente a las novias de sus compañeros. Ella no es periodista, ni actriz, ni modelo. Trabaja como profesora de música en un colegio. Su realidad poco tiene que ver con la fama y la prensa. Es una persona completamente anónima.

Después de aquel día en el apartamento de Malasaña llegan muchos más. Cenan en casa, ven películas en el sofá, hablan durante horas y hacen planes de futuro. Son una pareja normal. Nunca aparecen en la prensa ni van juntos a las fiestas que organiza el club. Oficialmente, Gonzalo continúa siendo soltero. Solo Gabriel conoce a la profesora de música. Julia le recuerda a Silvia, siempre tan activa y optimista. Precisamente eso es lo que menos le gusta a Gonzalo de ella. Por esa razón, hace dos días tuvieron su primera discusión.

Aquella noche, Gonzalo estaba fatal. «Un partido horrible del delantero argentino, otro más». Los medios de comunicación le acusaban de la situación del equipo.

–No te preocupes. Vamos a salir, a hablar, a reír, a bailar.

–No, Julia, ya te dije que no.

–¿Y si vamos a bailar tango?

Aquello enfadó a Gonzalo.

–Julia, no me gusta el tango. Y no soy tan raro.

La segunda mitad de la temporada continúa con pocas novedades. A pesar de los problemas, los resultados son mejores que en los primeros meses. Una semana antes del final de la liga, el Atleti está cuarto. Si gana el último partido contra el Real Madrid, la participación en la competición europea está asegurada.

Gonzalo no sabe si va a jugar el partido decisivo. Durante la semana, decide no hablar con Gabriel. Concentración máxima. Miguel Ángel le llama por teléfono el sábado.

–Vas a ser titular. Tienes que estar tranquilo. Es tu momento.

–Lo sé, Miguel Ángel.

–Además, es muy fácil.

–¿Qué es muy fácil?

–Esto solo es un juego, no lo olvides. La vida de verdad está en otro lugar.

«Máxima expectación en el **derbi**[53] definitivo». El Vicente Calderón está lleno. Antes de empezar el partido, Gonzalo saluda a Gabriel. «El duelo de argentinos, esencial». Las cámaras de **TVE**[54] ofrecen el partido en directo. Gonzalo sabe que es el día decisivo. El **árbitro**[55] **pita**[56] el inicio y el Atlético de Madrid ataca desde los primeros minutos. El argentino está muy activo aunque falta el gol. Tras un partido duro y con pocas oportunidades para los dos equipos, Gonzalo tiene en el minuto 88 una magnífica oportunidad. Hace poco ha empezado a llover en el cielo de Madrid. El argentino corre hacia el portero y **chuta**[57] con toda su potencia.

Llueve en Madrid.

«El **empate**[58] deja fuera al Atlético de las cuatro primeras posiciones». «El gran gol de Gonzalo fue inútil». «Nueva decepción en el Vicente Calderón»...

La mañana siguiente al final del campeonato, mientras Gonzalo y Julia duermen en el apartamento de Malasaña, suena el teléfono. Los directivos del club quieren tener una reunión personal con todos los jugadores para analizar la temporada y pensar en la mejor opción para el futuro.

–¿Viste, Julia? Me quieren **dar la patada**[59]. Se terminó el sueño europeo.

Julia no se mueve. Está despierta, pero prefiere permanecer en silencio.

---

[53] **Derbi:** partido de fútbol entre dos equipos de máxima rivalidad. En Madrid, es famoso el Real Madrid-Atlético de Madrid.

[54] **TVE:** Televisión Española. Es el nombre de la televisión pública de España.

[55] **Árbitro:** persona que controla el correcto desarrollo del partido.

[56] **Pitar:** hacer un sonido con un silbato para marcar los momentos importantes del partido.

[57] **Chutar:** en fútbol, tirar fuertemente el balón con el pie.

[58] **Empate:** igualdad en el resultado de un partido, por ejemplo 1-1.

[59] **Dar la patada:** (coloquial) echar a alguien del trabajo.

–Julia, me hiciste feliz, de verdad. Me imagino que es hora de volver a casa.

–Gonzalo, te espero aquí. Creo que te van a ofrecer una renovación. Me lo dice el instinto. De todas formas, si deciden que no sigues en Madrid, dime dónde vamos y compro dos billetes de avión. ¿Puedo acompañarte?

Gonzalo saca el papel de Silvia del cajón donde lo puso el primer día. No lo lee. Esta vez, tampoco lo guarda. Lo rompe. Lo tira. Mira a Julia. Llora en silencio.

El cielo de Madrid no tiene estrellas, pero aquella noche, cuando vuelve a casa, Gonzalo lo mira, sonríe y le parece el mejor lugar para perderse.

DESPUÉS DE LA LECTURA

1. **Después de leer el fragmento final de *Llueve en Madrid*, decide si las afirmaciones que aparecen a continuación son verdaderas (V) o falsas (F).**

	V	F
a. La situación de Gabriel en el Real Madrid es más cómoda que la de Gonzalo en el Atlético de Madrid.	☐	☐
b. La actitud de Julia en la primera llamada de Gonzalo es distante.	☐	☐
c. La cena de Gonzalo en el restaurante turco de Lavapiés fue muy agradable.	☐	☐
d. La participación del Atlético de Madrid en la competición europea depende del resultado del derbi contra el Real Madrid.	☐	☐
e. El gol de Gonzalo en el derbi fue decisivo para el resultado final.	☐	☐
f. El Atlético de Madrid participará en la competición europea la próxima temporada.	☐	☐

2. **A continuación tienes algunas frases aparecidas en la prensa deportiva. Intenta completarlas con palabras relacionadas con el fútbol. Todas las palabras necesarias aparecen en el relato.**

a. El .... pitó un penalti en el último minuto.

b. El Fútbol Club Barcelona presenta a su nuevo ....

c. 0-0, ... sin goles en el estadio Vicente Calderón.

d. Fernando Torres, contento en el Chelsea, su nuevo ....

e. Leo Messi está lesionado y no será .... en el próximo partido del Barça.

f. El delantero de la selección necesita .... dos goles para obtener el título de máximo goleador del campeonato.

3. **Después de leer el texto, ¿qué importancia crees que tiene el fútbol en España? Coméntalo con el resto de la clase.**

4. **Lee el fragmento de la página 30 en el que Gonzalo recuerda sus primeros meses en Madrid. A veces, el futbolista se sentía «como un extraterrestre que descubre un planeta diferente». ¿Te has sentido alguna vez así en otro país? Comenta tu experiencia con tus compañeros.**

5. En grupos, pensad en las cosas positivas y negativas de vivir en el extranjero.

Positivas	Negativas

6. Comentad vuestras opiniones con toda la clase. ¿Pensáis que hay más aspectos positivos o negativos?

7. Los medios de comunicación son muy importantes en la historia de Gonzalo. ¿Puedes escribir la noticia del derbi final?

- Habla de las cosas importantes del partido.
- Escribe un artículo estructurado: principio, desarrollo y final.
- Piensa en un titular impactante.
- Selecciona una buena imagen.

TITULAR : ....

Subtítulo de la noticia: ....

....

....

....

....

....

6. ¿Qué creéis que pasa al final de la historia? En grupos, imaginad el futuro personal y profesional de Gonzalo.

Claves

ANTES DE LA LECTURA

3. **a.** Cocina (El resto está relacionado con el fútbol); **b.** Cantante (Las otras palabras son lugares); **c.** Mesa (El resto son bebidas y comidas).

DURANTE LA LECTURA

1. **a.** Real Madrid y Atlético de Madrid; **b.** Barajas; **c.** Gran Vía, calle Fuencarral, Malasaña, Tirso de Molina, Puerta del Sol, calle Atocha, Relatores, etc.; **d.** Los españoles son rápidos y pasionales; **d.** La ciudad, el centro de Madrid, los bares, la gente, su carácter, la forma de hablar y los horarios; **e.** Recuerda a sus padres y, especialmente, a Claudia, su hermana mayor. También a Silvia.

5. Plaza Tirso de Molina, Relatores, calle Atocha, Puerta del Sol, calle Preciados, Gran Vía, Fuencarral, Chueca, calle Libertad, Tribunal.

DESPUÉS DE LA LECTURA

1. **a.** V; **b.** V; **c.** V; **d.** V; **e.** F (Fue inútil); **f.** F (Solo se dice que este año no va a participar).

2. **a.** árbitro; **b.** jugador; **c.** empate; **d.** equipo; **e.** titular; **f.** marcar.

III

Especial pasajera

Mercedes Pérez de Prada*

A2 B1

17

* (Madrid, 1987). Licenciada en Psicopedagogía, diplomada en Magisterio de Educación Primaria e Infantil y titulada Superior Propio en Educación Personalizada en el Centro Universitario Villanueva, adscrito a la Universidad Complutense de Madrid. Ha realizado varios cursos de Lengua de Señas Española en la Universidad Complutense de Madrid.

ANTES DE LA LECTURA

1. **Con tu compañero, responde estas preguntas.**

   a. ¿Te gusta viajar?

   b. ¿Has viajado en avión alguna vez? ¿Te gustó?

   c. ¿En qué medio de transporte sueles viajar?

   d. ¿Qué otros medios de transporte te gustan más o te gustan menos?

   e. Cuando viajas solo, ¿te gusta hablar con la persona que tienes al lado o prefieres estar a tu aire?

2. **Completa con las palabras del recuadro.**

   piloto • viajero (x2) • conductor • pasajero • maquinista

	Avión	**Tren**	**Autobús**
Persona que lleva el vehículo			
Persona que viaja en el vehículo			

3. **Una señora que nunca ha viajado en avión te pide ayuda a través de un foro. Informa a la señora de cada uno de los pasos necesarios que debe dar desde que entra en el aeropuerto hasta que se sube al avión.**

4. **Teniendo en cuenta el título de esta historia, haz una hipótesis sobre el tema del relato que vas a leer. ¿Puedes contárselo a tu compañero?**

Por su trabajo, Álvaro había vivido toda la vida en París. Pero ahora la vida le brindaba la triste oportunidad de volver a Madrid, su ciudad natal. Su hermano mayor, Juan, estaba muy enfermo. Tenía cáncer de pulmón y quería estar a su lado. Era otoño, en París **diluviaba**[1]. Las calles y avenidas estaban llenas de coches. Se oían **bocinas**[2], gritos, sonidos de motores, de **silbatos**[3] de policía intentando controlar la **maraña**[4] de tráfico que iba aumentando por minutos. Álvaro estaba preocupado porque pensaba que no iba a llegar a tiempo al aeropuerto para poder coger el avión. Tenía un vuelo con Iberia. Quería ser puntual, pero el atasco era tremendo. Pensó que lo más rápido sería coger el metro y fue a la estación más cercana, la de Madeleine. Le encantaba aquella gran plaza. Le traía muchos recuerdos de su vida de estudiante.

Álvaro llegó a tiempo. Lo había conseguido. En esta ciudad era una tarea bien difícil llegar al aeropuerto, pensó orgulloso. Aún le sobraban unos minutos, así que fue a facturar la maleta y embarcó.

Ya sentado en el avión empezó a ponerse nervioso. Cada vez tenía más vértigo a las alturas, mientras la azafata explicaba las normas que tantas veces había mirado sin atención: cómo ponerse la **mascarilla**[5], dónde había que poner los bolsos, los móviles apagados, la prohibición de fumar o encender los orde-

---

[1] **Diluviar:** llover especialmente fuerte.

[2] **Bocina:** instrumento que emite sonidos en un vehículo.

[3] **Silbato:** instrumento pequeño que al soplar emite sonidos.

[4] **Maraña:** situación difícil.

[5] **Mascarilla:** máscara que cubre la boca y la nariz.

nadores cuando el avión está despegando o aterrizando... Unos momentos después, se oyó por el altavoz la voz del **comandante**[6] avisando que iban a llegar a Madrid media hora más tarde.

Sentada a su lado iba una chica a la que no había hecho mucho caso. De repente, notó que le tocaba en el brazo y le enseñó una nota que acababa de escribir en una servilleta:

Hola, perdona, soy sorda. Creo que han dicho algo, porque he visto tu cara de sorpresa, pero no puedo escucharlo. ¿Era algo importante? Mil gracias.

Álvaro se sorprendió porque nunca se había encontrado con una persona con deficiencia auditiva y, por supuesto, le contestó en el mismo papel:

Vamos a llegar a Madrid media hora más tarde, pero el comandante ha dicho que no nos preocupemos, que todo va a salir muy bien. Si dice algo más, yo te aviso sin problema. Estaré encantado de ayudarte.

De pronto, empezó a recordar aquellos tiempos cuando era estudiante en la universidad y escribía notas de amor a sus compañeras. Un día una profesora le **pilló**[7] una nota que decía: *esta profesora explica fatal y me estoy durmiendo.* Prefería no seguir recordando el lío que se montó. Una cosa quedó muy clara: a partir de ese día no **volvería**[8] a escribir ninguna nota más.

Álvaro cogió otra servilleta y volvió a escribir:

Por cierto, ¿cómo te llamas? Yo soy Álvaro.

Y le contestó:

Encantada de conocerte, Álvaro. Me llamo Ana. ¿Eres de Madrid?

Álvaro le explicó cómo había transcurrido su vida entre Madrid y París. Le contó el triste motivo de su precipitado viaje y la pena que sentía por su hermano. No pararon de escribir, cada vez con más rapidez. Ana le dijo que había estado en París porque una amiga suya la había invitado a pasar el fin de semana,

---

[6] **Comandante:** piloto que tiene el mando en un avión.
[7] **Pillar:** sorprender a alguien cometiendo un delito o engaño.
[8] **Volvería:** condicional simple del verbo *volver.*

no conocía la ciudad y volvía fascinada. Hablaron y hablaron todo el trayecto sobre la ciudad, sobre las costumbres, sobre sus familias, etc. Era una curiosa forma de comunicarse, pensó, pero le había encantado.

Estaban llegando, a punto de aterrizar. Avisó a Ana, en cinco minutos llegarían a Madrid. Había pasado muy rápido. Se despidieron con una sonrisa y un apretón de manos.

Álvaro iba a casa de su hermano en el paseo de Recoletos. En el camino le sorprendieron las nuevas **cuatro torres**[9]. Era un escenario diferente para él. Las había visto en construcción y no se podía imaginar cómo sería el horizonte de Madrid con esos cuatro gigantes escalando el cielo.

Llamó al timbre. Le abrió la puerta su cuñada y le contó que Juan estaba muy enfermo. Llevaba días sin comer. Fue corriendo a verle. Estaba en la cama. Lo miró y sonrió, pero le costó mucho, porque no tenía ya casi fuerzas. Hacía mucho tiempo que no le había visto sonreír.

Álvaro se sentó a hablar con él de cosas sin importancia, de su trabajo, del viaje... Le explicó que su acompañante en el vuelo era una chica sorda muy simpática y cómo a través de notas se habían entendido a la perfección. Él nunca había visto a una persona sorda y estaba muy orgulloso, porque le había ayudado. Juan con una voz muy débil le dijo:

–Pero bueno, hermanito, tus ojos están muy brillantes y tu cara... Yo diría que te gusta esa tal Ana. Me imagino que le habrás pedido su número o sabrás dónde vive... ¡Vaya hermano tengo! Creía que eras un ligón... ¡Ay, ay! ¿Dónde has dejado tus armas de seductor?

–¿Cómo me va a gustar Ana? ¡Estás loco! Si acabo de conocerla. Además, nuestra comunicación sería muy complicada,

[9] **Cuatro torres:** área de negocios donde destacan los cuatros rascacielos más altos de España.

por no decir imposible. Ahora, lo que es cierto es que Ana es una chica muy atractiva, pero... ¡No! Yo con Ana... No, no...

–Álvaro, nada es imposible, solo hay que querer. Puede ser tu destino. Si se comunica con lengua de signos, te podrías apuntar a un curso y aprender, como los extranjeros que están estudiando español, inglés, francés. Es una lengua más.

Era cierto, su hermano tenía toda la razón y decidió ponerse manos a la obra y buscarla. Iba a ser bastante complicado: Madrid era inmenso. Ya no dejó de pensar en ella.

¿Cómo lo haría? ¿Por dónde empezar? Decidió pasear a ver si se le ocurría algo. Recorrió la **calle Atocha**[10]. Llegó al **Museo Reina Sofía**[11]. Era uno de sus preferidos. En una plaza se fijó que había un grupo de jóvenes hablando con las manos. La verdad es que hasta ahora nunca le había llamado la atención. Realmente era otro idioma y, a lo mejor, podría aprenderlo. Quizá podría informarse de cursos, ¿por qué no? Le pareció una idea muy buena. Se acercó al grupo y les preguntó si podían darle información. Fueron muy amables y le dieron todo tipo de detalles.

Álvaro aprovechó para preguntarles si, por casualidad, conocían a una chica sorda que se llamaba Ana y de la que solo podía decirles que tenía los ojos verdes. Con tan poca información y con tantas personas sordas que viven en Madrid era muy difícil conocerla, pero podría preguntar en la Asociación de Sordos.

Se fue contento. Tenía esperanza de encontrarla. Estaba hambriento y decidió comprar un bocadillo de calamares, una de las típicas tradiciones **culinarias**[12] de Madrid, y volvió a casa de su hermano para poder estar con él toda la noche.

Al día siguiente fue a la asociación y le comentaron los cur-

---

[10] **Calle Atocha:** una de las calles principales de Madrid.
[11] **Museo Reina Sofía:** Museo Nacional de Arte del siglo XX.
[12] **Culinario, a:** perteneciente a la cocina.

sos que había. Los profesores normalmente eran sordos y tendría que tener mucha paciencia. Álvaro, sin pensar, se apuntó a hacer un curso todas las tardes. Tenía muchas ganas de empezar. Aprovechó para preguntar si conocían a Ana y la coordinadora le dijo que creía que sí, pero que no sabía dónde vivía. Antes iba mucho a la asociación, pero últimamente menos. Lo único que sabía era que Ana era profesora de un colegio, pero no recordaba el nombre.

Ese mismo día por la tarde empezó el curso. La profesora era sorda y eran siete alumnos. Álvaro estaba muy contento aunque le costaba mucho, pero se lo pasó muy bien. Para él eran sorprendentes los gestos que hacía la profesora para explicar los signos de cada palabra. Todo poco a poco. Para un primer día había aprendido y participado mucho en la clase.

Antes de ir a casa de su hermano, decidió ir a tomar algo. Le apetecía un café con churros en el **Café Gijón**[13], en el paseo de Recoletos. Antes había comprado el periódico El País. Estaba casi solo. De pronto, leyendo, encontró una noticia en la sección sobre qué hacer en Madrid. La noticia decía:

Madrid, 19 de noviembre de 2010

Los alumnos del colegio La Purísima (uno de los colegios especiales para sordos), irán el sábado 20 de noviembre a las 12.00 de la mañana al Museo de Prado.

Realizarán una visita guiada con sus profesores. La entrada será gratuita para los niños con discapacidad. ¡Os esperamos sin falta!

Álvaro se sorprendió enormemente. ¿Qué casualidad? Esto sí que era el destino. Ahí tiene que estar Ana, porque también es

[13] **Café Gijón:** café famoso de Madrid por sus tertulias literarias, fundado en el siglo XIX.

profesora, pensó. Estaba descubriendo tantas cosas en tan poco tiempo… Se fue corriendo a casa de su hermano para contárselo.

Estuvo practicando con Juan lo que había aprendido y este se reía por las expresiones que hacía Álvaro. También Álvaro se sentía feliz de ver sonreír a su hermano.

DURANTE LA LECTURA

1. **Con tu compañero, responde estas preguntas.**

a. ¿Por qué es una triste oportunidad para Álvaro volver a Madrid?

b. ¿Cómo se comunica con Ana? ¿Por qué?

c. ¿Por qué había ido Ana a París?

d. ¿En qué calle vivía el hermano de Álvaro en Madrid?

e. ¿Qué decide hacer Álvaro para encontrar a Ana?

f. ¿Qué dice la noticia que encuentra Álvaro en El País?

2. **¿Cuántos personajes hay en el relato? Haz una lista de los personajes que aparecen en esta parte de la historia. ¿Cuál es el único personaje que tiene una descripción física?**

1. ....
2. ....
3. ....
4. ....

3. **¿Qué es la lengua de signos? ¿Conoces a alguien que sepa esta lengua? Coméntalo con tu compañero.**

4. **Con tu compañero, pensad en las respuestas que habéis dado en la actividad 4 de *Antes de la lectura*. ¿En qué se diferenciaba de la historia de Pérez de Prada?**

5. **Escribe ahora un pequeño texto sobre cómo crees que continúa la historia. Para usar tu imaginación, ayúdate de las siguientes preguntas. Después, compártelo con tu compañero.**

a. ¿Crees que Álvaro finalmente encuentra a Ana?

b. ¿Cómo reaccionará Ana si se vuelven a encontrar?

c. ¿Qué tipo de vida crees que lleva Ana?

Eran las 11.00 de la mañana del día siguiente y Álvaro todavía no se había despertado. Menos mal que su cuñada, que conocía los planes de Álvaro, llamó a su puerta con insistencia. Qué mala suerte, el despertador no había funcionado. Desayunó a toda prisa, recogió todos los papeles para poder repasar todo en el trayecto, se fue al cuarto de su hermano, porque necesitaba suerte, y corriendo fue al metro para ir al Museo de Prado.

Álvaro, con los nervios, se equivocó de museo. Fue al **Museo Thyssen**[14] y, después de buscar sin suerte a la persona que buscaba, preguntó a uno de los vigilantes si había visto a un grupo de niños sordos. Al escuchar la negativa del hombre, exclamó:

–¡No puede ser! –Y le enseñó la noticia que había encontrado el día antes en el periódico. Resultaba que ese no era el Museo del Prado, pero que estaba enfrente, justo al lado del **Jardín Botánico**[15]. Exclamó– ¡Oh, Dios mío! ¡Cómo he podido ser tan torpe!

No se lo podía creer. Se fue corriendo al Museo del Prado y preguntó a un vigilante sobre el grupo y le dijo que estarían en la planta quinta, donde están los cuadros de **Velázquez**[16] y, si no, podrían estar en el claustro de **Los Jerónimos**[17] en el ala nueva.

[14] **Museo Thyssen:** Museo de Arte Antiguo y del siglo XX.

[15] **Jardín Botánico:** el Real Jardín Botánico se fundó hace más de 250 años, y es la mayor colección de plantas vivas de España.

[16] **Diego Velázquez:** pintor barroco español (1599-1660), uno de los más importantes de la pintura española y universal.

[17] **Los Jerónimos:** uno de los conventos más importantes de Madrid. Su claustro está incorporado al Museo del Prado.

Fue a la quinta planta. Era enorme. Por fin los encontró. Llegó justamente cuando Ana les estaba explicando el cuadro más famoso de Velázquez, *Las Meninas.* Se quedó quieto escuchando y mirando atentamente. Entendía más o menos lo que estaba explicando del cuadro, pero lo que realmente pensaba era: «Qué guapa es».

Ana no lo veía porque había muchos padres y alumnos. Cuando llegó el momento de las preguntas, Álvaro no dudó en levantar la mano. Ana no veía su cara, **pidió** a los padres **que**[18] se moviesen un poco para poder ver a la persona interesada y sobre todo sus manos. Cuando se dio cuenta de que era Álvaro, se quedó alucinada. Pero, ¡sí es el del avión!, pensó. Y Álvaro le hizo una pregunta con las manos:

–He llegado tarde y me he perdido información sobre el cuadro. **Me gustaría que**[19] me lo explicases. Si te parece bien, podemos aprovechar yendo a comer.

Ana no **daba crédito**[20]. Había estado haciendo un curso para poder comunicarse con ella. Los padres, divertidos por la escena, la animaban a que fuese con él y ella aceptó.

Se fueron a comer a la **plaza de Santa Ana**[21]. Hacía un día precioso. Durante la comida, le explicó todo lo que le había pasado. Cómo fue a la asociación y preguntó a un grupo de jóvenes. Estaba desesperado, pero mantenía la esperanza de encontrarla. Cuando le contó lo de la noticia del periódico, ella no se lo podía creer, porque nunca un chico **oyente**[22] se había esforzado tanto por ella. Estaba muy sorprendida. Estuvieron conversando de muchas cosas, a ratos con las manos. Ya no tenían que utilizar

---

[18] **Pedir que** + subjuntivo.

[19] **Gustar que** + subjuntivo.

[20] **Dar crédito:** creer.

[21] **Plaza de Santa Ana:** plaza situada en el centro de Madrid. En ella se encuentra el Teatro Español (siglo XVII).

[22] **Oyente:** persona que puede oír.

las servilletas para poder comunicarse, solamente para algunas palabras, pero se entendían muy bien.

Quedaron al día siguiente y Ana le dijo que le gustaría conocer a su hermano. Fueron a su casa. Cuando llegó al cuarto de Juan, le dio dos besos en la mejilla, y este le preguntó:

– ¿Qué tal todo? No sabes **la lata**[23] que me ha dado mi hermano estos días. Estaba preocupado por ti. **Me alegro** mucho **de que**[24] por fin os hayáis encontrado. Además, creo que eres perfecta para mi hermano. Espero que le cuides muy bien porque tiene un corazón de oro. Aunque, te aviso, a veces es muy cabezota.

Ana no entendió lo que le decía porque vocalizaba muy poco, estaba enfermo y no tenía fuerzas para poder vocalizar. Le pidió a Álvaro que la tradujese con las manos.

Estuvieron conversando un rato hasta la cena. Se despidieron y se fueron a pasear por Madrid. Ana conocía muy bien Madrid y quiso ir al parque de El Retiro, uno de los parques más románticos de Madrid. Le hacía mucha ilusión montar en las barcas. De pequeña, su madre siempre la llevaba los fines de semana. Daban grandes paseos por el estanque, la **fuente del Ángel Caído**[25], el **Palacio de Cristal**[26], etc. En aquella época había un zoo con pocos animales, pero a ella le encantaba ir a verlos. Eran tantos recuerdos en aquel precioso jardín. Álvaro subió a la barca y remó. Ana le hablaba con las manos y le miraba dulcemente. Álvaro nunca había sido tan feliz. Empezaba a enamorarse.

* * *

---

[23] **La lata:** coloquialmente, cosa que fastidia a alguien.

[24] **Alegrarse de que** + subjuntivo.

[25] **Fuente del Ángel Caído:** única estatua dedicada al diablo en el mundo.

[26] **Palacio de Cristal:** estructura de cristal de 1887 situado en El Retiro.

Dos semanas después, Álvaro habló con su hermano. Le explicó que quería casarse con Ana, que era la mujer de su vida. Juan le dijo que era lo mejor que podía hacer. Era una buena chica y le animó para que comprase un anillo de matrimonio.

Álvaro fue a una joyería y compró un anillo precioso con un diamante. ¿Cómo se lo daría? Decidió ir al colegio, porque Ana tenía que dar clases a sus alumnos. Hacía tiempo había visto una escena muy romántica en una película. Compró una cartulina grande y escribió en letras grandes: ¿QUIERES CASARTE CONMIGO? Lo puso en la ventana de la clase y empezó a hacer gestos.

Mientras Ana estaba explicando la historia de la Segunda Guerra Mundial, sus alumnos se dieron cuenta de que había una **cartulina**[27] colgando y la avisaron de que un hombre quería casarse con ella. Pensó que estaban bromeando como siempre. Pero se volvió, miró hacia la ventana y pudo ver una pregunta importante. Ana se quedó asombrada. No sabía si reír o llorar y se fue corriendo al jardín donde estaba él. Le dio el anillo de compromiso y, por supuesto, le dijo sí.

Decidieron casarse en París. Querían una bonita boda en la intimidad, solo unos pocos amigos. Álvaro no quería que su hermano faltase, sin embargo, Juan seguía muy enfermo y no podía viajar. Gracias a una videoconferencia pudo conseguir que su hermano estuviera presente.

La boda fue maravillosa y Juan se sintió inmensamente feliz de ver a su hermano tan enamorado. Tenía ganas de vivir, de disfrutar de Ana y de su hermano, de conocer el mundo de los sordos, y… cuando estuviese mejor, aprendería la lengua de signos. ¿Por qué no? Claro que sí, él podría hablar esa maravillosa lengua.

[27] **Cartulina:** papel grueso que se usa para tarjetas, diplomas, etc.

DESPUÉS DE LA LECTURA

1. Discute con tu compañero si los siguientes enunciados son verdaderos (V) o falsos (F). Justifica tu respuesta.

	V	F
a. Álvaro pensaba que no llegaría al avión por el retraso en el metro.	☐	☐
b. Álvaro y Ana se comunicaban escribiendo en servilletas.	☐	☐
c. Álvaro escribió una nota de amor a su profesora cuando era estudiante de la universidad.	☐	☐
d. Álvaro y Ana se despidieron con un beso.	☐	☐
e. La coordinadora de los cursos de lengua de signos no conocía a Ana.	☐	☐
f. Álvaro confundió el Museo del Prado con el Museo Reina Sofía.	☐	☐
g. Álvaro le propuso a Ana ir a comer juntos delante de todos los padres de los alumnos.	☐	☐
h. Álvaro le pidió matrimonio a Ana en París.	☐	☐
i. Juan compró el anillo de matrimonio de Ana y Álvaro.	☐	☐
j. Juan pudo estar presente en la boda a través de una videoconferencia.	☐	☐

2. Busca en la primera parte de la historia palabras relacionadas con viajes en avión. Aquí tienes sus definiciones.

a. Registrar, entregar en las estaciones de ferrocarril, aeropuertos... equipajes y mercancías para que sean remitidos a su destino: ....

b. Introducir personas, mercancías... en una embarcación, tren o avión: ....

c. Mujer encargada de atender a los pasajeros a bordo de un avión, tren o autocar: ....

d. Máscara que cubre la boca y la nariz: ....

e. Llegar a tierra después de un vuelo: ....

f. Separarse del suelo al iniciar el vuelo: ....

g. Piloto que tiene el mando de un avión: ....

3. **Relaciona las siguientes palabras que aparecen en el relato con su sinónimo o expresión correspondiente.**

1. Diluviar.	**a.** Inscribirse.
2. Tremendo.	**b.** Incompetente.
3. Lío.	**c.** Galería.
4. Apuntarse.	**d.** Lado.
5. Estar hambriento.	**e.** Llover.
6. Torpe.	**f.** Caos.
7. Vigilante.	**g.** Grande.
8. Claustro.	**h.** Tener hambre.
9. Ala.	**i.** Policía.

4. **Elige uno de los siguientes lugares de Madrid y descríbeselo a tu compañero. Este debe averiguar de qué lugar estás hablando.**

Cuatro Torres	Café Gijón	Jardín Botánico
Paseo de Recoletos	Museo del Prado	Plaza de Santa Ana
Atocha	Los Jerónimos	El Retiro
Museo Reina Sofía	Museo Thyssen	Palacio de Cristal

5. **Busca ahora información en Internet sobre uno de los lugares anteriores y anota en el recuadro algunos datos de interés. Después, compártela con tus compañeros.**

Nombre del lugar:

Datos de interés:

6. **Esta es una historia de amor. ¿Te ha gustado? Comenta con tu compañero lo que más te ha gustado y lo que menos.**

7. **Escribe en tu cuaderno otro final alternativo para la historia de Álvaro, Ana y Juan. Compártelo con tu compañero.**

Claves

ANTES DE LA LECTURA

2.

	Avión	**Tren**	**Autobús**
Persona que lleva el vehículo	**piloto**	**maquinista**	**conductor**
Persona que viaja en el vehículo	**pasajero**	**viajero**	**viajero**

DURANTE LA LECTURA

1. **a.** Porque su hermano mayor estaba enfermo; **b.** Se comunica escribiendo en servilletas, porque ella es sorda; **c.** Porque una amiga suya le había invitado a pasar el fin de semana allí; **d.** En el paseo de Recoletos; **e.** Decide ir a la Asociación de Sordos y aprender lengua de signos; **f.** Dice que un grupo de estudiantes van a visitar el Museo del Prado con sus profesores.

2. Aparecen en el relato: Álvaro, Ana, Juan y la cuñada de Álvaro. La única descripción es la de Ana (una chica muy atractiva, tiene los ojos verdes, era simpática, era sorda...).

3. La lengua de signos es la lengua que utilizan las personas sordas para comunicarse.

DESPUÉS DE LA LECTURA

1. **a.** F (Por el tráfico en la ciudad); **b.** V; **c.** F (A sus compañeras); **d.** F (Con una sonrisa y un apretón de manos); **e.** F (Cree que sí la conoce); **f.** F (Fue al Museo Thyssen); **g.** V; **h.** F (En el colegio donde ella trabaja); **i.** F (Lo compró Álvaro); **j.** V.

2. **a.** Facturar; **b.** Embarcar; **c.** Azafata; **d.** Mascarilla; **e.** Aterrizar; **f.** Despegar; **g.** Comandante.

3. **1.** e; **2.** g; **3.** f; **4.** a; **5.** h; **6.** b; **7.** i; **8.** c; **9.** d.

IV

La leyenda del castillo

Miguel Ángel Albujer Lax*

A2 B1

18

* (Elche, 1976). Licenciado en Filología Hispánica. Es profesor de lengua y cultura españolas. Comenzó su labor docente en Utrecht, Holanda. Actualmente combina la enseñanza con la coordinación de actividades culturales en el centro donde trabaja en Alicante. Ha publicado varios talleres audiovisuales de ELE y cuenta con varios cortometrajes como guionista y director.

ANTES DE LA LECTURA

1. **El título de la historia que vas a leer es *La leyenda del castillo*. ¿Sabes qué es una leyenda? Elige la respuesta correcta.**

a. Es una historia que tiene una enseñanza moral al final.

b. Es una serie de acontecimientos imaginarios que presentan la realidad mezclada con la ficción.

c. Es una serie de acontecimientos y personajes reales que forman parte de la historia de un lugar.

2. **Esta leyenda sucede en el Castillo de Santa Bárbara, aunque en realidad la construcción es una fortaleza militar. Observa las imágenes y relaciona.**

a.

b.

c.

d.

e.

f.

1. Colina ....

2. Muralla ....

3. Almena ....

4. Fortaleza ....

5. Castillo ....

6. Torre ....

3. **La historia se desarrolla en Alicante, una ciudad de la costa mediterránea que pertenece a la Comunidad Valenciana. ¿Sabes algo de Alicante? Marca verdadero (V) o falso (F) antes de leer la historia de acuerdo con lo que sabes o lo que opinas.**

	V	F
a. Alicante pertenece a la Comunidad Valenciana.	☐	☐
b. No tiene playa.	☐	☐
c. Hay un mercadillo al aire libre los jueves y sábados.	☐	☐
d. Tiene una isla que se llama Tabarca.	☐	☐
e. La parte más antigua de la ciudad es el Barrio de la Santa Cruz. ...	☐	☐
f. Los inviernos son muy fríos y llueve a menudo.	☐	☐
g. Los veranos son muy calurosos.	☐	☐
h. Hay dos idiomas oficiales.	☐	☐

–Hola a todos y a todas. Bienvenidos al Castillo de Santa Bárbara. Me llamo Julián y esta tarde voy a ser vuestro guía en la visita a esta fortaleza que tiene sus orígenes en el siglo IX.

Julián era profesor de español para extranjeros en Alicante y por las tardes hacía de guía en las visitas que organizaba su escuela. Era un joven de 30 años, alto, moreno y con un carácter muy sociable y extrovertido. Le encantaba acompañar a los estudiantes por las partes más representativas de la ciudad y contarles curiosidades. Tenía más de nueve años de experiencia como profesor y desde hacía cuatro años coordinaba las actividades extraescolares del centro y ayudaba en las tareas administrativas. En la escuela todos los estudiantes lo conocían porque siempre que tenían alguna duda o algún problema, iban a la oficina y le preguntaban a él. Siempre los atendía con mucho gusto.

Hacía una temperatura muy buena y lucía el sol en un cielo de color azul sobre un mar cristalino. Era un típico día de la primavera mediterránea. Soplaba una suave brisa y hacía un poco más agradable el calor de la tarde. En la visita de hoy había diez estudiantes: Klaus y Sarah de Alemania, Klaudia y Aga de Polonia, Isabella de Italia, Eva de Holanda, Hwa Soon de Corea, Jan y Linda de Suecia y Martin de Dinamarca. Linda, Martin y Jan además estaban en clase de Julián por las mañanas. Los dos chicos eran muy buenos amigos. Martin y Jan se conocieron hace un mes en la escuela de español y compartían piso con Sarah y Aga. Martin era un chico de 25 años, alto, delgado y moreno. Estudiaba Económicas en la Universidad de Copenhague. Jan tenía 22 años, era alto, rubio y con gafas. Estudiaba Derecho Internacional en la Universidad de Gotemburgo. Su apartamento estaba al lado de la escuela, en el barrio de Campoamor. Estaba cerca del **mercadillo**[1], donde podían comprar fruta, verdura, ropa y otras muchas cosas, pero solo los jueves y los sábados por la mañana. El piso era grande y moderno, pero sin ascensor. Era un segundo piso. Tenía cuatro habitaciones, dos baños, salón con balcón y cocina. Todos los alojamientos para estudiantes tenían Internet. La mayoría de ellos venía con su portátil para estar en contacto con la familia, chatear y quedar con los amigos o hacer los deberes.

Cruzaron un arco de piedra y entraron en la fortaleza. Las vistas desde allí eran increíbles. Se podían ver las montañas que rodeaban la ciudad, toda la playa, con sus **sombrillas**[2] de colores y los **chiringuitos**[3] en la arena y, casi en el horizonte, la Isla de Tabarca. Allí mucha gente iba a bucear, tomar unas tapas en los restaurantes del puerto, dar un paseo en barco o simplemente tomar el sol. Algunos estudiantes hacían fotos y otros grababan con su cámara de vídeo. El Castillo de Santa Bárbara era un lugar lleno de historia, muy diferente del aire moderno y cosmopolita de Alicante. Poco después Julián los llamó a todos. Entraron en los restos de una antigua capilla destruida por el paso del tiempo. En su **altar**[4] había una piedra que recordaba a las personas que murieron defendiendo la fortaleza.

–Todo castillo tiene su historia, todo castillo tiene su alma, todo castillo tiene su leyenda. Antes era muchísimo mayor, pero el tiempo y las guerras han destruido en parte esta construcción. Era un lugar estratégico por su localización. Actualmente es la fortaleza más grande del Mediterráneo español. Cuando Alican-

---

[1] **Mercadillo:** mercado en la calle donde se venden alimentos, ropa, muebles, etc.
[2] **Sombrilla:** objeto similar al paraguas que sirve para protegerse del sol.
[3] **Chiringuito:** puesto de bebidas y comida al aire libre, normalmente en las playas.
[4] **Altar:** mesa donde el sacerdote celebra la misa en un templo religioso.

te, o *Lucentum*, que significaba «Ciudad de la Luz», estuvo bajo el dominio musulmán, pasó a llamarse *Medina Laqant*. Desde su torre se podía divisar cualquier parte de la ciudad, sus montañas y todo el mar. ¿Queréis saber una curiosidad? Vamos a leer la palabra *Lucentum*, pero sin vocales y sin la letra *m* final, que desapareció en la evolución del latín. Vais a descubrir que "l-c-n-t" se pronuncia casi como… ¡Alicante! Sí, eso es, la adaptación de la palabra latina y la pronunciación árabe dieron lugar al nombre de nuestra ciudad. Interesante, ¿no? España estuvo muchos años bajo el dominio musulmán, casi ocho siglos, por eso en nuestra lengua tenemos muchas palabras de origen árabe, como *ojalá, aceituna, alcachofa*..., ¿conocéis alguna más?

En este momento Julián hacía un repaso a la historia del español y a las influencias de otros idiomas. Los estudiantes escuchaban atentos las explicaciones de Julián, aunque hacía bastante calor. La mayoría de ellos llevaba una botella de agua para combatir la sed. Aga llevaba un **abanico**[5] y lo utilizaba a menudo. Julián sabía que los extranjeros que iban a Alicante, además de playa y fiesta, también querían saber algo más de la ciudad y su provincia. Continuaron la visita. Julián les indicaba las diferentes **estancias**[6] de la fortaleza que servían de salas para exposiciones temporales, como el Cuartel de Felipe II y la Sala de Armas. Después llegaron a varios cuartos que, en tiempos de la Guerra Civil española, que empezó en el año 1936 y duró tres años, se utilizaron como **calabozos**[7]. Era un buen momento para repasar los acontecimientos históricos más importantes de España en los últimos años. Julián hacía como un pequeño concurso entre los estudiantes para ver quién de ellos sabía más sobre diferentes temas culturales, sociales y políticos. La competición motivaba a los estudiantes a participar y así hacía la visita más interesante.

---

[5] **Abanico:** instrumento que produce aire cuando se mueve con la mano.
[6] **Estancia:** habitación o sala de una casa o un edificio.
[7] **Calabozo:** celda de una cárcel.

–¿Cuándo acabó la Guerra Civil? ¿Quién fue Franco? ¿Cuándo murió? ¿Cuándo fueron las primeras elecciones democráticas? ¿De qué año es nuestra Constitución? ¿España es una monarquía? ¿Cómo se llaman los Reyes de España? ¿Cómo se llama el presidente? ¿Y su partido político?...

Al lado había una **cantina**[8] donde podían comprar algo fresco para beber, como refrescos, helados, **horchata**[9], limonada o café. También tenían bocadillos y patatas fritas. Después de descansar un rato en un banco, debajo de la sombra de unos enormes árboles, continuaron con la visita. Llegaron a la parte más alta del castillo, tras pasar por la Sala Noble, el antiguo hospital, y los dormitorios de los soldados. Más arriba, en una parte separada del resto de la fortaleza, se encontraban los dormitorios de los altos cargos militares. Eran salas más grandes, con las mejores instalaciones y grandes ventanas con vistas al mar. Aquí Julián hacía una pausa y los estudiantes tenían tiempo libre para hacer fotos y ver la ciudad desde su punto más alto.

–Las vistas desde aquí son magníficas, ¿no? Estamos a 166 metros de altitud. Bueno, ahora que ya os habéis hecho fotos y todo eso... ¿queréis conocer la leyenda? Bueno, pues tenéis que cerrar los ojos e imaginar un lugar lleno de vida, con muchos colores, fuentes, perfumes... Entre la multitud había un joven, de piel morena y ojos marrones, bien vestido, hijo del Califa árabe Ibn Ahmad. Caminaba solo por las estrechas calles del centro. Cuando llegó a la muralla, que antes rodeaba la ciudad, se encontró con una joven. La chica llevaba una blusa blanca y una falda larga de color marrón. Su largo pelo castaño le caía por la cara. Estaba recogiendo frutas del suelo. La cesta que llevaba estaba rota, por eso usaba su falda para poner la fruta. Rahid, que

---

[8] **Cantina:** especie de bar donde se venden bebidas y algunos productos comestibles.

[9] **Horchata:** bebida refrescante hecha con chufas y típica de la Comunidad Valenciana.

así se llamaba el muchacho, intentó ayudarla, pero ella no quiso su ayuda. Lo miró a la cara y salió corriendo, dejando parte de sus manzanas y peras por el suelo. Rahid apenas pudo ver su cara, pero… su **pulso**[10] estaba acelerado, su corazón latía cada vez más fuerte. Recordaba a la chica en el suelo, con su blusa blanca, su falda marrón, con sus bellos ojos tan negros como la noche y su largo pelo castaño y liso. Una imagen que no podía borrar de su mente. Quería volver a verla, pero no sabía su nombre, dónde vivía, a qué se dedicaba… pero no le importaba. Tenía esperanzas de verla de nuevo.

Poco a poco el frío dejaba paso al calor, el invierno decía adiós y empezaba una cálida primavera. Los árboles empezaban a florecer. Por casualidad, Rahid y la joven, que se llamaba María, se volvieron a ver cerca de las murallas, al lado de la **mezquita**[11]. Hoy esa mezquita es la Basílica Menor de Santa María, la más antigua de la ciudad. ¿La veis, chicos? Está allí, cerca de la playa del Postiguet. Al lado podéis ver el Ayuntamiento, allí, es el edificio con el reloj. Bueno, Rahid, que esta vez iba vestido más informal, fue hacia ella y ambos sintieron algo especial. Hablaron poco, pero volvieron a verse después, en las murallas. Solo había un problema: María era cristiana y Rahid tenía que casarse con una mujer musulmana. Su padre tenía varias candidatas entre las mujeres más importantes del reino. Aunque Rahid y María mantuvieron su romance en secreto, el Califa lo descubrió. Desde ese momento fue un amor prohibido. El padre del muchacho no aceptaba la relación entre su hijo y la joven. Ellos eran musulmanes y ella era cristiana.

Tanto Rahid como María se veían a escondidas, por las calles **empedradas**[12] que ahora forman parte del barrio de la Santa Cruz, el más antiguo de la ciudad. Además, hoy en día es uno

[10] **Pulso:** latido intermitente de las arterias.

[11] **Mezquita:** edificio para el culto de la religión musulmana.

[12] **Empedrado, a:** camino o calle recubierta de piedras.

de los más visitados por sus pequeñas casas blancas de estilo mediterráneo y sus balcones llenos de flores de todos los colores. A principios de mayo se celebra la fiesta de las Flores de Mayo. Todo el barrio está lleno de cruces de flores de todos los colores, es increíble. También, durante la Semana Santa, es famosa la procesión del Cristo de los Gitanos, que sale desde la pequeña **ermita**[13] de la Santa Cruz, que está en la parte más alta de esta zona. Es una pequeña iglesia blanca con una enorme cruz de color negro. Al final de la visita, vamos a bajar por sus calles hasta la Plaza del Carmen, que está en el centro del barrio y que es un lugar con muchos bares y restaurantes típicos de Alicante.

Entonces, ya sabemos que los dos jóvenes estaban enamorados y se veían a escondidas. El Califa recibía constantemente noticias sobre su hijo y su extraña amistad con una cristiana. Sin duda, este hecho era una gran ofensa para todos los musulmanes, especialmente para Ibn Ahmad. Su intención era casar a su hijo con una joven musulmana de buena familia. Su hijo era el futuro **Califa**[14]. Tenía que ser un buen ejemplo para el resto de musulmanes. Para él era más importante la tradición y el honor de toda la familia que la felicidad de su hijo.

–No puedo permitir, querido hijo, tu relación con esa cristiana –le dijo el Califa a Rahid–. Esta situación no puede continuar. Tengo algo importante que decir. Mañana a las 12 del mediodía en el salón principal. Ven y trae a la chica.

El guía continuaba con su historia mientras los estudiantes lo escuchaban con muchísima atención. A Hwa Soon y a Eva les gustaba mucho la historia. Estaban en la clase de nivel elemental y, a veces, no comprendían todas las palabras, pero eran capaces de entender toda la historia. Julián era un guía muy expresivo, casi un actor, que explicaba todos los detalles con una

[13] **Ermita:** pequeña capilla que no tiene culto regularmente.

[14] **Califa:** título de los príncipes musulmanes.

mímica muy graciosa. Su cara y sus manos eran muy expresivas y para los estudiantes era muy divertido. Hacía todo tipo de gestos y podía explicarlo todo en español, sin necesidad de utilizar otro idioma. Isabella y Klaus, que estaban en el grupo avanzado, hablaban en español en todo momento, aunque Klaus hablaba también italiano. Comentaban entre ellos el relato de Julián con interés.

–Al día siguiente Rahid y María se presentaron ante Ibn Ahmad a las doce del mediodía en el salón principal. Entraba mucha luz por la ventana. La **brisa**[15] movía las cortinas. Al final del salón estaba el Califa sentado tras una gran mesa. Cuando entraron, el padre del muchacho se levantó y les explicó que su amor estaba prohibido y que no podían continuar con su relación. Rahid quiso responderle, pero el Califa no lo permitió. Los jóvenes estaban un poco asustados. Entonces, el Califa habló:

–¡Silencio! No puedo permitir el amor entre mi hijo, futuro Califa de esta ciudad, y una vulgar cristiana que no cree en Alá. La gente habla y comenta y hay que ser un buen ejemplo para todos. Vuestro amor es imposible. Pero la solución no va a depender de mí. Esta es mi decisión: si mañana nieva en Alicante, si mañana todo está blanco, cubierto por un suave manto de nieve… solo en ese caso, vuestro amor puede continuar. Eso es todo. No tengo nada más que decir. Ahora podéis salir –dijo el Califa en un tono seco y sin dar opción a réplica.

En este momento los estudiantes se echaron a reír. No imaginaban Alicante cubierta de nieve. Ellos sabían que era una ciudad con inviernos suaves y veranos muy calurosos, pero con poca lluvia y, mucho menos, nieve. Klaudia preguntó a Julián si era posible ver nieve en Alicante. Él le contestó que, aunque en las montañas cercanas a la ciudad sí era posible en los

[15] **Brisa:** viento fresco y suave, especialmente en las costas.

inviernos más fríos, en Alicante no nevaba nunca. Dicho esto, todos comprendieron que era una situación muy dramática y empezaron a entender que la historia de amor no iba a tener un final feliz.

DURANTE LA LECTURA

1. **Ya conoces a Julián, un profesor de español que también hace de guía en las visitas por la ciudad. También conocemos a los estudiantes que le acompañan. Une sus nombres con la información correcta.**

1. Martin	**a.** Son polacas.
2. Jan	**b.** Estudia Derecho Internacional en Suecia.
3. Linda	**c.** Son de la clase de nivel elemental.
4. Isabella	**d.** Son de Alemania.
5. Klaus y Sarah	**e.** Está en la clase de Julián.
6. Klaudia y Aga	**f.** Está en el nivel avanzado.
7. Soon y Eva	**g.** Tiene 25 años.

2. **La leyenda nos cuenta la historia de Rahid, su padre Ibn Ahmad y una joven llamada María. Habla con tu compañero sobre los protagonistas de la historia.**

a. ¿Cómo es él?

b. ¿Cómo es ella?

c. ¿Dónde se conocieron?

d. ¿Por qué se veían a escondidas?

e. ¿Dónde y a qué hora el Califa se reunió con su hijo y con María?

f. ¿Cuál fue el trato que hicieron para poder continuar con su relación?

3. **Ya conoces parte de la leyenda. Mira estas palabras y marca las que crees que van a aparecer en el resto de la historia.**

Nieve ☐	Muerte ☐	Boda ☐	Castigo ☐
Amante ☐	Suerte ☐	Fantasma ☐	Asesinato ☐
Hijos ☐	Religión ☐	Banquete ☐	Suicidio ☐

4. **Ahora, escribe un posible final usando las palabras anteriores. Te damos algunas ideas.**

a. El Califa Ibn Ahmad acepta a María con condiciones, ¿cuáles?

b. Rahid escapa con María a otro lugar. ¿Adónde van?

c. El Califa estaba enamorado de María, ¿confiesa su amor secreto o se suicida?

d. María deja a Rahid porque él no defiende su amor ante su padre. ¿Qué hace él para recuperarla?

e. Se casan en invierno por el rito musulmán y tienen dos hijos.

–Por la mañana María se levantó pronto y corrió a abrir la ventana para ver la ciudad. Desde allí se podía ver la fortaleza sobre la **colina**[16] Benacantil, que en árabe significaba *montaña de Alicante.* Sus ojos no podían creer lo que veían. Todos los árboles estaban cubiertos por un suave manto blanco. No podía creerlo. Las **ansias**[17] de ver a su amado la llevaron a correr hacia la fortaleza sin fijarse en nada ni en nadie. Estaba **cegada**[18] por la ilusión.

Los estudiantes se miraban sorprendidos. Pensaban que, como era una leyenda, todo era posible. Sarah empezó a reírse porque no podía imaginar la ciudad cubierta de nieve. Ella veía la nieve muy a menudo en Alemania y le encantaba ir a esquiar. Entre todos los **chavales**[19] que escuchaban la historia, Isabella era la única que no decía nada. Solo observaba la situación con sus enormes ojos castaños y parecía emocionada con el relato. Jan la miraba muchas veces. Era una joven muy guapa, de pelo corto y moreno. Llevaba unas gafas finas de color naranja. Tomaba algunas notas en su agenda y hacía muchas fotos.

–María llegó al salón. Allí estaba Ibn Ahmad. Las cortinas estaban cerradas y no había mucha luz. No podía ver bien su cara. Le preguntó dónde estaba Rahid, pero el Califa estaba muy serio. No dijo nada.

–Todo está blanco, es nieve, ¡ha nevado!,... ¿dónde está Rahid?, ¿dónde? Hable, por favor, hable... dígame algo... –dijo María.

---

[16] **Colina:** montaña pequeña.

[17] **Ansia:** deseo intenso de conseguir algo.

[18] **Cegado, a:** que no puede ver.

[19] **Chaval:** persona joven, chico y chica.

–Yo no podía permitir vuestro amor. No había otra solución. Mire atentamente por la ventana. No es nieve, sino flores, flores blancas. Son de los almendros que están en flor, una flor blanca, brillante y pura. Sus ojos creían que era nieve. Rahid estaba muy enamorado y no he tenido más elección que… –contestó el Califa muy triste.

María no podía creerlo. Miró al Califa y entonces lo entendió todo. Sus ojos reflejaban dolor. Se asomó por la ventana y descubrió la terrible verdad. Los árboles eran almendros en flor. El suave manto blanco eran las flores blancas de los almendros. Sus ojos estaban abiertos, estaba a punto de llorar, cuando el Califa habló de nuevo.

–No he tenido más elección que matarlo. Lo he ahorcado en una de las ***almenas***[20] *de la fortaleza –dijo el padre, que después abandonó la sala.*

La joven giró la cabeza hacia la otra parte del castillo y descubrió horrorizada la escena. Rahid estaba muerto, ahorcado en una de las almenas que tenía su dormitorio. Sin pensarlo, María corrió hasta allí y, gritando el nombre de su amado, se lanzó al vacío para coger al joven. Abrazados los dos, la cuerda no pudo resistir tanto peso y finalmente se rompió. Los dos muchachos cayeron y desaparecieron entre los almendros de blancas flores que rodeaban la colina. María murió abrazada a Rahid. Unas gotas de sangre cayeron en aquellas flores blancas. Desde entonces, todas las flores del almendro son blancas y brillantes, pero también tienen un poco de color rojo justo en el centro. Así terminó su bella historia de amor.

A Julián le encantaba contar esta leyenda que era muy popular en la ciudad de Alicante. Era parte de su historia. Aunque la conocía de memoria, nunca se cansaba de contarla a todos los estudiantes que iban al castillo. Ya no recordaba el número de veces, pero no le importaba, porque le entusiasmaba ir al castillo

---

[20] **Almena:** extremo que sobresale de los muros de una fortaleza.

con los alumnos de su escuela. Cada vez que lo visitaba, lo hacía con la ilusión del primer día.

–Ibn Ahmad se fue a la parte más alta de su fortificación. No podía permitir la entrada de una cristiana en su noble familia. La única forma de terminar con esa relación era sacrificar la vida de su hijo, su único hijo. Era terrible, pero ya era tarde para cambiarlo.

La historia sorprendió a algunos de los chicos y chicas que oían la leyenda. Todos se preguntaban por qué un padre prefería asesinar a un hijo en lugar de aceptar su felicidad. Isabella estaba muy afectada por la historia y Jan la miraba con interés. Era evidente que a Jan le gustaba Isabella, pero Isabella parecía no fijarse en él. Martin, que notaba la atención que Jan le prestaba a la chica, le dijo que era una estudiante italiana y que estaba en una clase de español de nivel avanzado con Klaus. Jan, que era un chico muy tímido, se puso rojo como un tomate y cambió de tema para disimular su interés. Aga y Claudia empezaron a hablar en polaco, pensaban que era el final, pero Julián todavía tenía que contar algo más.

–¿Pensáis que la leyenda ha terminado? Pues no. La historia continúa –dijo Julián–. En aquel momento todo se nubló, el sol desapareció detrás de unas nubes y todo se oscureció. Ibn Ahmad estaba asustado y corrió a su dormitorio. Allí cerró la ventana y se sentó en la cama con las manos en la cabeza. De repente, se escuchó una voz grave, repetía su nombre una y otra vez. Era la voz de Alá, el Dios de los musulmanes. Estaba decepcionado con el padre de Rahid. Así le habló:

–Gran Califa Ibn Ahmad, escúcheme con atención, Gran Califa Ibn Ahmad, ¡qué gran error ha cometido! Nunca el amor es motivo de muerte, especialmente si es un hijo, su propio hijo. No ha pensado en las graves consecuencias de ese acto. Ha sido un mal padre y merece un castigo –dijo la voz grave.

Ibn Ahmad no podía creerlo. Su Dios estaba hablándole... miraba a su alrededor, pero no veía a nadie. Sus piernas temblaban y no podía hablar, estaba paralizado por los nervios.

–Mire la colina donde está esta fortificación, esta pequeña montaña que llaman Benacantil –continuó la voz–. Aquí murió su hijo Rahid, víctima de su odio. Aquí va a tener su castigo. Su rostro va a permanecer en la colina, en sus piedras, sufriendo las inclemencias del tiempo, el frío, el calor, la lluvia... para toda la eternidad.

Después, la voz desapareció y dejó un silencio absoluto. Las nubes se fueron, el sol salió de nuevo. Mientras, el Califa caía inconsciente al suelo. Sus **súbditos**[21] corrieron a ayudarle, pero no pudieron hacer nada por él. El Califa no respiraba, estaba muerto. Así fue cómo pasó a ser parte de la colina que podéis ver hoy en Alicante y que, desde entonces, tiene una parte que representa el rostro del Califa, la famosa *Cara del Moro.* Desde la playa se puede ver perfectamente.

En ese momento todos intentaron asomarse para ver si era cierto o no, pero lamentablemente, desde allí no se podía ver aquella singular forma de piedra. Solo Isabella permaneció sentada, mirando una de las almenas del castillo. No parecía escuchar nada, simplemente observaba. Jan, entonces, quiso hablar con ella. Se acercó y le preguntó su opinión sobre la leyenda. Ella le sonrió. Le gustó mucho. Hablaron un rato sobre la historia, las clases de español y muchas cosas más. No se dieron cuenta de que Julián no estaba. El grupo estaba saliendo de la fortaleza en dirección al Parque de la Ereta y el barrio de la Santa Cruz. Se levantaron y corrieron para unirse al grupo.

–Para terminar os voy a contar otro dato importante de esta construcción. Ya sabéis que con la **Reconquista**[22], los cristianos

[21] **Súbdito, a:** ciudadano que obedece las órdenes de las autoridades políticas.

[22] **Reconquista:** recuperación del territorio español invadido por los musulmanes entre los siglos VIII y XV en España.

recuperaron todas sus posesiones, incluida esta fortaleza. Fue el rey Alfonso X el Sabio quien lo reconquistó en el año 1247. ¿Sabéis qué día? Pues el 4 de diciembre. ¿Y por qué es importante este dato? Bueno, este día está dedicado a Santa Bárbara, una santa relacionada con las tormentas. Mi madre se llama Bárbara, por eso el día 4 de diciembre es su **santo**[23]. Mucha gente celebra el santo en España. El mío, San Julián, es el 7 de enero. Bueno, pues desde ese día esta fortificación recibe el nombre de Castillo de Santa Bárbara.

Las visitas turísticas se realizaban desde el año 1963. Se construyeron un aparcamiento, dos bares, zonas de *picnic* con mesas y servicios. También se restauraron las zonas más afectadas por el paso del tiempo y se adaptaron los caminos para gente discapacitada o con problemas de movilidad. Actualmente el castillo tiene un ascensor que conecta la fortaleza directamente con la playa del Postiguet a través de un túnel de más de 100 metros. Cuando hace buen tiempo, mucha gente viene a pasar el día aquí con la familia. Pasean, hacen deporte, comen paella y beben **sangría**[24], se echan la siesta bajo los árboles, juegan al **mus**[25] y se divierten mucho.

Así terminó Julián su visita por uno de los lugares más bonitos de la ciudad. Todos juntos empezaron a bajar por la carretera que había detrás del castillo. Aunque subieron en un taxi porque era más cómodo, para bajar era mejor ir a pie. Entraron en el Parque de la Ereta. Se construyó para evitar la erosión de la colina y tener una zona verde en el centro de la ciudad con una sala de exposiciones. Los estudiantes estaban cansados, así que se sentaron cerca de la fuente que había en el centro del parque. Eran ya las seis y media de la tarde. Julián quería continuar la visita entrando en el barrio de la Santa Cruz. Subieron a la ermita, desde allí

[23] **Santo:** celebración del día que lleva su mismo nombre.
[24] **Sangría:** bebida fría hecha con vino tinto, azúcar y trozos de diferentes frutas.
[25] **Mus:** juego de cartas por parejas muy popular en España.

había unas vistas muy bonitas del barrio. Allí Soon le preguntó a Julián qué significaba *carrer*. Él le contestó que *carrer* era «calle» en español. La palabra estaba en valenciano. El joven le explicó que en Alicante, como en toda la Comunidad Valenciana, había dos lenguas oficiales, el español (o castellano) y el valenciano, que pertenecía a la familia del catalán. Isabella añadió en ese momento que, además de esos dos idiomas oficiales en España, existían otros dos, el vasco y el gallego. Estuvieron hablando un rato sobre este tema, parecía que les interesaba mucho.

Desde allí Julián les explicaba una de las fiestas más importantes de la ciudad de Alicante, las Hogueras de San Juan. Era mayo y estas fiestas se celebraban a finales de junio. Las calles se llenaban de Hogueras, grandes monumentos de madera, cartón y mucho color. Representaban situaciones cómicas e irónicas de la vida social y política de España. El día 24 de junio, a las doce de la noche, una enorme palmera de fuegos artificiales desde el castillo marcaba el inicio de la ***cremà***[26], el fuego. Todas las Hogueras se quemaban en la noche de San Juan. Linda preguntó si era igual que las Fallas de Valencia. Julián dijo que eran muy similares, pero las Fallas eran el 19 de marzo, día de San José y el día del padre. Las Fallas celebraban la entrada de la primavera. En cambio, las Hogueras eran el 24 de junio, día de San Juan, y daban la bienvenida al verano.

En la Plaza del Carmen se sentaron en un bar para tomar algo. Jan se sentó al lado de Isabella. Pidieron horchata, limonada, café con leche, refrescos y cerveza. El camarero, además, sirvió con las copas unos platos de frutos secos y unas patatas fritas de bolsa. Julián se tomó un **bombón**[27] y se levantó. Tenía que ir a la escuela. Agradeció a todos su interés y se despidió

---

[26] ***Cremà*:** palabra en valenciano que significa «*quemar*» y da nombre al momento del fuego en la fiesta de las Hogueras de San Juan.

[27] **(Café) Bombón:** café con leche condensada.

de ellos hasta la mañana siguiente. Klaus se fue con él porque quería ver su correo electrónico en la escuela. Las chicas polacas y la estudiante holandesa también se fueron pronto. Tenían que arreglarse porque por la noche había fiesta de estudiantes en las discotecas del puerto. La escuela a veces organizaba también fiestas a través de *facebook* porque casi todos los estudiantes tenían un perfil en esa red social.

Solo quedaban Martin, Sarah, Linda, Jan e Isabella. Era evidente que Jan sentía algo por la chica italiana. No se conocían mucho. Ella le contó que vivía en una familia porque quería estar todo el día en contacto con la cultura española y el idioma. Las personas de la familia eran muy amables, hablaban mucho con ella, hacían cosas juntos y, sobre todo, le preparaban deliciosos platos, como paella, tortilla de patata, **cocido**[28], etc. Ella, a cambio, les preparaba a veces algún plato de pasta o algún postre italiano. En Italia estudiaba para ser profesora de español y este año iba a presentarse al examen **DELE**[29]. Todos los días tenía una hora especial en la escuela para preparar ese examen con otras dos estudiantes más.

Jan le contó que estaba en un piso con otros estudiantes. Ellos hablaban a menudo en inglés para entender bien a sus compañeros, pero en general practicaban mucho español. Tenía una beca del gobierno sueco para estudiar español y completar así sus estudios de Derecho Internacional. Con sus padres venía muchas veces de vacaciones a España. Ellos también hablaban español. Además, tenía una abuela que vivía en Torrevieja, una ciudad de la costa al sur de Alicante. A veces iba a visitarla los fines de semana.

Martin estaba cansado y se fue a casa. Sarah y Linda se acercaron a la Rambla. Allí tenían una cita con otras chicas de la

[28] **Cocido:** plato caliente con carne, tocino, chorizo y garbanzos.

[29] **DELE:** *Diploma de Español como Lengua Extranjera* que certifica el nivel de español a través del Instituto Cervantes.

escuela. Querían ir de tiendas al centro comercial. Hwa Soon también se fue a casa. Iba a preparar una cena coreana para sus compañeros de piso. Jan e Isabella se quedaron solos. Estuvieron en el bar un par de horas más. Era tarde. Empezaba a anochecer. Isabella tenía que volver para cenar con su familia. Después de pagar las **consumiciones**[30], Jan quiso acompañar a Isabella hasta la casa donde vivía. Por el camino no hablaron. En la puerta se despidieron. Jan, con las manos en los bolsillos, empezó a caminar hacia su piso. Estaba muy emocionado. Era el principio de una buena amistad, tal vez de algo más, pero era pronto para pensarlo. Nacía una historia de amor, como la de Rahid con María, pero esta vez, el final de la historia era un principio, un principio feliz y lleno de futuro. Jan entró en casa. Se tumbó en la cama. Suspiró. Un gran día.

---

[30] **Consumición:** aquello que se toma en un café o en un bar principalmente.

DESPUÉS DE LA LECTURA

1. Di si estas afirmaciones son verdaderas (V) o falsas (F).

	V	F
a. Julián trabajaba de guía turístico.	☐	☐
b. El día de la visita hacía calor, pero estaba nublado.	☐	☐
c. Julián ha visitado muchas veces la fortaleza con estudiantes.	☐	☐
d. La fortaleza estaba en buen estado de conservación.	☐	☐
e. Desde el castillo se podía ver la isla de Tabarca.	☐	☐
f. Rahid y María se conocieron por casualidad porque la cesta de ella estaba rota y recogía frutas del suelo.	☐	☐
g. El matrimonio de Rahid estaba acordado por el padre con una musulmana de buena familia.	☐	☐
h. Julián explicaba la historia, pero algunos estudiantes no entendían nada.	☐	☐
i. El Califa no quería ver a su hijo con una cristiana.	☐	☐
j. Cuando María se levantó, todo estaba cubierto de nieve.	☐	☐
k. Ibn Ahmad asesinó a su hijo. Lo ahorcó en una de las almenas.	☐	☐
l. María murió al caer desde una de las almenas junto con Rahid.	☐	☐
m. A Isabella le atrajo Jan desde el primer momento.	☐	☐
n. Alá apareció delante del Califa para castigarle.	☐	☐
ñ. La Cara del Moro es una formación rocosa que representa la cara del Califa.	☐	☐
o. La Cara del Moro se puede ver desde la fortaleza.	☐	☐
p. La fortaleza se llama Castillo de Santa Bárbara porque se reconquistó el día 4 de diciembre, día de Santa Bárbara.	☐	☐
q. El Castillo tenía ascensor.	☐	☐
r. Las Hogueras de San Juan son en marzo.	☐	☐
s. Jan acompañó a Isabella a su apartamento.	☐	☐

2. Ahora ya sabes muchas cosas de la ciudad de Alicante. Vuelve a leer el ejercicio 3 de *Antes de la lectura* y comprueba tus respuestas.

3. **Cambia las palabras o expresiones destacadas de estos fragmentos del relato por otras del recuadro que signifiquen lo mismo o sean similares. Adapta las palabras cuando sea necesario.**

Prestar atención • Estar oscuro • Saltar • Contestar Aguantar • Amor • Admitir • Deseo

a. Aunque Rahid y María mantuvieron su **romance** ....1.......... en secreto, el Califa lo descubrió. Desde ese momento fue un amor prohibido. El padre del muchacho no **aceptaba** ....2.......... la relación entre su hijo y la joven. Ellos eran musulmanes y ella era cristiana.

b. Todos los árboles estaban cubiertos por un suave manto blanco. No podía creerlo. **Las ansias** ....3.......... de ver a su amado la llevaron a correr hacia la fortaleza sin **fijarse en nada ni en nadie** ....4.......... Estaba cegada por la ilusión.

c. María llegó al salón. Allí estaba Ibn Ahmad. Las cortinas estaban cerradas y **no había mucha luz** ....5.......... No podía ver bien su cara. Le preguntó dónde estaba Rahid, pero el Califa estaba muy serio. No **dijo nada** ....6..........

d. Sin pensarlo, María corrió hasta allí y, gritando el nombre de su amado, **se lanzó** ....7.......... al vacío para coger al joven. Abrazados los dos, la cuerda no pudo **resistir** ....8.......... tanto peso y finalmente se rompió.

4. **¿Qué te parece la leyenda? ¿Qué te ha gustado más y que te ha gustado menos? En parejas, elegid un personaje y defended su punto de vista en el relato.**

5. **¿Conoces alguna leyenda de tu ciudad o país? Explícasela brevemente a tus compañeros.**

6. **La historia de Jan e Isabella acaba de empezar. Escribe cómo continúa usando alguna de estas ideas que te ofrecemos.**

a. Después de la visita, quedan por la noche para pasear por la playa.

b. Tras conocerse, se enamoran y deciden irse a vivir a un pequeño piso del centro de Alicante.

c. Martin está un poco celoso porque a él también le gusta Isabella.

d. Isabella termina su curso en Alicante y tiene que volver a Italia. Jan no sabe qué hacer.

Claves

ANTES DE LA LECTURA

1. b

2. **1.** e; **2.** c; **3.** d; **4.** b; **5.** a; **6.** f.

3. La solución, después de leer el relato.

DURANTE LA LECTURA

1. **1.** g; **2.** b; **3.** e; **4.** f; **5.** d; **6.** a; **7.** c.

2. **a.** Moreno, de piel morena y ojos marrones. Bien vestido; **b.** Tenía el pelo castaño y liso. Sus ojos eran negros. Llevaba una camisa blanca y una falda larga marrón; **c.** Cerca de la muralla; **d.** Porque él era el futuro Califa musulmán y ella era cristiana; **e.** En el salón principal del castillo a las doce del mediodía; **f.** El padre aceptaba su relación si nevaba en la ciudad al día siguiente.

DESPUÉS DE LA LECTURA

1. **a.** F; **b.** F; **c.** V; **d.** F; **e.** V; **f.** V; **g.** V; **h.** F; **i.** V; **j.** F; **k.** V; **l.** V; **m.** F; **n.** F; **ñ.** V; **o.** F; **p.** V; **q.** V; **r.** F; **s.** F.

2. **a.** Alicante pertenece a la Comunidad Valenciana, junto con las provincias de Castellón y Valencia.
b. Alicante sí tiene playa, se llama el Postiguet.
c. Hay un mercadillo al aire libre los jueves y los sábados.
d. Tiene una isla que se llama Tabarca.
e. La parte más antigua de la ciudad es el Barrio de la Santa Cruz.
f. Los inviernos son suaves y llueve poco.
g. Los veranos son muy calurosos.
h. Hay dos idiomas oficiales, el español o castellano y el valenciano.

3. **1.** Amor; **2.** Admitía; **3.** El deseo; **4.** Pretar ateción; **5.** Estaba oscuro; **6.** No contestó; **7.** Saltó; **8.** Aguantar.

V

Siete estudiantes en busca de un romance

Patricia González Almarcha*

A2 B1

19

* (New Haven, EEUU, 1976). Patricia vino a este mundo hace algunos años en América. Le daban biberones de pez espada y de calamar en su tinta. Por eso lucha y escribe. Antes de decir papá o mamá, pronunció guisante y mariposa en inglés. Su primera alumna fue su abuela. Por eso enseña. Un peluche ruso la matriculó en filología eslava. Quiso curar con cuentos, pero se convirtió en doctora en Lingüística Indoeuropea y se marchó al Cáucaso. Allí persigue poesía.

ANTES DE LA LECTURA

1. **Relaciona algunas de las edades del hombre con las siguientes imágenes.**

Edad Contemporánea • Edad Antigua • Prehistoria • Posmodernidad • Edad Moderna • Edad Media

2. **Ahora fíjate en la Edad Media y escribe el nombre de cada personaje debajo de las imágenes.**

juglar • caballero • morisca • dama • trovador

3. **Inventa ahora una historia de cómo vivía la gente de tu país en la Edad Media o una historia de amor muy popular de aquellos tiempos.**

4. **Todo es sinónimo del amor en la vida y quien más canta más ama, como en el relato que vas a leer también. Antes de leerlo, relaciona las palabras con su significado.**

1. Mariachi. •	• **a.** Historia de amor.
2. Romancero. •	• **b.** Conjunto musical que canta al amor.
3. Romance. •	• **c.** Instrumento para cantar el amor.
4. Partitura. •	• **d.** Conjunto de poemas medievales que cantan el amor.
5. Cítara. •	• **e.** Letra y música para una canción de amor.

Cualquier parecido con la realidad teatral de Luigi Pirandello, «Seis personajes en busca de autor», es mera coincidencia.

Siete estudiantes iban en busca de un autor para un **romance**[1] de verano. Tenían una iniciativa: conseguir en tiempos de crisis ayudas económicas de la Unión Europea para abrir un espacio de ocio y de cultura en algún lugar de España. ¿Un **molino de viento**[2]? ¡Un minuto! Se llamaban Daniela, Sandro, Nayeli, Amanda, Raúl, Nelson y Sarah. Pero, ¿cómo empezó todo? Algunos de nuestros personajes estudiaban en Madrid, en la Universidad Complutense. Daniela era una peruana guapísima, con flequillo, pelo con zonas rubias, insistente y enormemente loca, para un cuerpo tan pequeño. Preparaba los exámenes finales de Lingüística Hispánica. Una muy calurosa tarde veraniega sacó un libro cualquiera de la mochila y empezó a leer sin demasiado interés. De pronto, cayó de la mesa desordenada una revista cualquiera también. No importaba cuál, sino qué decía en la página primera. Mostraba un grupo de personas, quizás campesinos, que viajaban en un coche de caballos. Impresas en la fotografía había unas palabras en amarillo: «Si quieres ser mejor que nosotros, querido amigo, ¡viaja!». Daniela se puso muy contenta cuando leyó esta frase. Pero todavía no sabía por qué. Solo lo intuía.

Llamó por teléfono a Sandro, un ex novio cualquiera, italiano, no tan guapo, pero sí muy inquietante, de pelo rizado hasta

[1] **Romance:** 1. Historia o aventura amorosa. 2. Poema épico-lírico breve que se canta con un instrumento musical en bailes en grupo o en reuniones.

[2] **Molino de viento:** lugar donde muelen el trigo. Contra ellos cree luchar Don Quijote, el protagonista de la famosa obra de Cervantes.

parecer *clown*, y de nariz no tan roja. Sí, otra vez cualquiera, un chico cualquiera.

–¿Sandro? –preguntó Daniela.

–¿Sí? –replicó él.

–Habla Daniela.

–¿Qué hay Dani?

–Pues, nada especial. Repasaba algunos apuntes, cuando me encontré una vieja publicación y…

–Oye Dani, ando ocupado. ¿Es que tú no estudias en serio nunca? Siempre estás buscando gente, hablando por teléfono con todos en las épocas peores. Y ahora conmigo incluso, con el ex.

–No hay enfado. Relájate, por lo que más quieras. No me llames perezosa ni tonta. También yo puedo preguntarte cuándo cambiaste tu forma de ser por la de un viejo cascarrabias…

–Vale, ¡disculpa! Me alegra oír tu voz, es que estoy agobiado con los exámenes finales –se excusó Sandro–. Además el profesor de Literatura medieval nos mandó muchísima tarea para casa. Pero te escucho.

–Bien, pues cállate y oye –le pidió Daniela–. Pensaba que podíamos planear con los amigos una bonita excursión para celebrar el fin de curso… ¿Cómo lo llaman por aquí? Ah, sí, el **paso del Ecuador**[3].

–¿Cómo? ¿Es que te subió la fiebre? ¿Te dio un ataque de locura porque acabaste de leer a **Pirandello**[4] para la clase de teatro? No puedo. No me marcho a Ecuador. No voy a perder tanto dinero para ir tan lejos. ¡Que no! Y no me insistas.

–¿Por qué a veces eres tan cerrado de mente y tan estúpido? No hay que ir a Ecuador, ni siquiera a tu amada ciudad de Gé-

[3] **Paso del Ecuador:** viaje que se realiza en mitad o al final de los estudios universitarios.

[4] **Luigi Pirandello:** escritor italiano de la primera mitad del siglo XX, que ganó el Premio Nobel de Literatura en 1934. Escribió obras de teatro como, por ejemplo, *Seis personajes en busca de autor.*

nova a comer pan genovés. Solo tenemos que utilizar la imaginación para llegar lejos, pero estar cerca.

–Eres muy misteriosa para mi gusto. Explícame mejor las cosas. Y también rápido, si puede ser –le ordenó Sandro a Daniela.

–Vale, te lo cuento. Quiero volver a disfrutar del tiempo libre, de nuestro ocio. Vamos ya casi a terminar la facultad, a graduarnos de nuestros estudios de hispanistas y filólogos y de otras especialidades. Tenemos que celebrar que pronto vamos a obtener el título de licenciados, para ser profesionales, trabajar en escuelas, institutos, universidades, editoriales, teatros… o incluso para ir al paro. Los estudiantes que finalizan sus carreras universitarias organizan siempre un viaje para festejar el pasado y llamar al futuro. En eso consiste el paso del Ecuador que te dije, y simboliza una mitad en tu vida; marca una línea de división entre el antes y el después.

–A mí ya me creció la barba hace mucho tiempo. Yo ya soy mayor. ¿La mitad de mi vida, dices?

–Sí, pasas de estudiante a trabajador, obrero, ¡tonto!, y no necesitas, si no quieres, coger un avión a América Latina.

–¡Ah, bueno! Pues como tú eres tan lista, dime cómo consigo dinero y tiempo para marcharnos. Y sobre todo, ganas de ir contigo.

–Mira Sandro, no te soporto cuando estás así, nervioso, excitado y muy negativo. No escuchas bien. Estudia ahora y después hablamos.

–¡Venga vale, guapa!, pero no te enfades, que ya sabes que te quiero mucho. Ahora, mientras descansas, o, mejor dicho, «estudias», investiga en tu computadora cómo viajar al final de curso.

–Bueno, pero solo porque tú me lo pides. ¡Ja, ja, ja!

Daniela regresó a los libros de su mesa desordenada, fijó la vista en el manual de Literatura española medieval, pero el teléfono sonó con otros planes para ella. Era Nayeli, una mexicana muy madura, de mirada profunda y de pensamiento muy abstracto. Física y filósofa. No quería hijos ni amores, a pesar de que ella misma era un amor. Nayeli propuso a Daniela reunirse en un bar (sí, como el lector imagina, un bar cualquiera). Juntas hablaron de la vida y de la idea del viaje de sus vidas, de Dani... Naye confesó a Daniela que deseaba irse de Madrid hacía algún tiempo. Para olvidar. Pero tampoco tenía demasiado dinero. Las dos chicas se acordaron de Nelson, un matemático improbable e imprevisible, muy mexicano, un poco europeo, que trabajaba con cálculos de probabilidades. Siempre tenía propuestas muy interesantes. Probablemente esta vez también. Nelson, cara flaca, ojos inteligentes y muy buen humor, vino a verlas al café concierto. Hablaron o, mejor dicho, se gritaron al oído durante mucho rato, al ritmo de la música ruidosa del cantante. Discutieron sobre el viaje de fin de curso, pero, un momento... ¿Quién era aquel tío, un personaje sin duda, que tocaba la guitarra con melodías simpáticas y astutas, fuertes y apasionadas? Raúl, estudiante de intercambio de México. Se estaba especializando en transatlántica, es decir, en literaturas española e iberoamericana. (Y yo que pensaba que los barcos **transatlánticos**[5] no eran más que barcos con piano y piscina). Raúl cantaba **corridos mexicanos**[6]. **Baladas**[7] populares, música del folclore de su país, que describe normalmente los amores de un hombre y de una mujer, aventuras frustradas, imposibles por alguna circunstancia, la guerra, la separación, las drogas... (Todos sabemos mucho de esos dramas). Cuando Raúl terminó de cantar, Naye, Dani y Nelson fueron a conocerlo, a presentarse.

---

[5] **Transatlántico, a:** que atraviesa el Atlántico.

[6] **Corrido mexicano:** forma musical y creación literaria que deriva del romance con temática amorosa, de la naturaleza o de la historia de México.

[7] **Balada:** forma de canción que se canta en los palacios de los reyes (en la Corte). Aparece a finales de la Edad Media en Europa (siglo XIV).

–Hola, soy Nayeli, ¿cómo te llamas?

–Me llamo Raúl. ¡Encantado Nayeli! ¿Puedo llamarte Naye?

–Pues, sí claro, solo si me permites llamarte Rau.

–En fin, si tú quieres, así haz –dijo dubitativo Raúl–. ¿Y ustedes, chicos, cómo se llaman?

–Hola, Raúl, somos Daniela y Nelson. **¡Gusto en conocerte**[8]! –respondieron dos de los personajes en busca.

–Amigos, ¿quieren que les invite a una chela? –ofreció Raúl.

–Una chela –dijo Naye entusiasmada–. ¡Cuánto tiempo hacía que no escuchaba la palabra «chela», en vez de cerveza, como dicen por aquí!

–Sí –replicó Daniela– tenemos un amigo italiano que ahora anda muy ocupado, pero suele preferir las «birras» en lugar de las chelas o las cervezas.

Todos se rieron. Después Raúl les contó qué hacía en Madrid. Se ganaba un dinero extra cantando por los bares. La verdad era que las becas de intercambio no daban demasiadas cosas para vivir, así que decidió hacer algo que le gustaba y le permitía pagarse algún regalo. Además, él no buscaba un romance (o eso opinaba hasta ahora), sino que creía en el amor, esperaba la visita en verano de su novia, Sarah. Enseguida Daniela, la inquieta, la extrovertida, la valiente, se acordó de sus planes de vacaciones de final de curso. Cualquier viaje era una excusa que la llevaba a su viaje de nuevo... Daniela se hizo portavoz para Raúl de la idea de nuestros personajes *in crescendo*: viajar con alguna excusa, no muy lejos, para celebrar el final de los estudios con un proyecto interesante, pero divertido, y, si se podía, con ayuda económica. A Raúl le gustó mucho la idea de los chicos. Y les dijo que quería participar, si le dejaban. Además les habló del trabajo de Sarah con la música. Estaba escribiendo partituras

[8] **¡Gusto en conocerte!:** en América Latina, expresión que se utiliza cuando presentan a alguien que no conocen y equivale a *¡Encantado/a!*

para el *Cantar del Mío Cid*, un poema épico muy famoso. Nelson exclamó entonces:

–¡Ay Dios mío!, los romances. Me encantan esas **leyendas**[9] de otra época que cuentan historias entre **el caballero y su amada**[10], o también amores no consumados entre **las moras y los cristianos**[11] en la frontera entre los reinos árabes y los castellanos, en el periodo de la historia medieval, los cuentos de guerras y gente sin libertad, de aventureros…

–Pues yo prefiero el *Romancero Gitano* de **Lorca**[12]. Soy un poco más contemporánea… –agregó Naye–. Historias apasionadas entre **gitanos** y **payos**[13].

–A propósito –dijo Daniela–, ¿te parece Raúl que los corridos se pueden relacionar con el romance? ¿Algo así como el **amor cortés**[14] de Tristán e Isolda reinventado en la frontera de El Paso, entre los Estados Unidos de América y México?

–Uy, Dani, tú planteas una cuestión difícil. Pero el tema puede ser similar, hay romance, hay amor que no se consigue o se persigue y los dos, el corrido y el romance, se pueden cantar y acompañar de música. Sin embargo, un corrido lo canta y lo

---

[9] **Leyenda:** narración inventada que se cuenta de generación a generación como una historia verdadera.

[10] **Caballero y amada:** en la Edad Media el caballero es un noble guerrero, que viaja a caballo y trabaja para los reyes o príncipes, defendiéndolos en las guerras. La amada es la señora o señorita de la que está enamorado el caballero y a la que defiende de los peligros y protege del mal.

[11] **Moros y cristianos:** en la Edad Media, España tenía muchas luchas religiosas entre los musulmanes (moros) y los cristianos. Entre los siglos VIII y XV, España se dividía en reinos árabes y reinos cristianos.

[12] **Federico García Lorca:** famoso poeta español del siglo XX, autor de el *Romancero Gitano* (compuesto por dieciocho romances con temas como la noche, la muerte o la Luna).

[13] **Gitano y payo:** los gitanos son una etnia de origen indio que llega a España en el siglo XV. El payo es el nombre que los gitanos dan a todas las personas que no son gitanas.

[14] **Amor cortés:** filosofía de amor muy popular en Francia a partir del siglo XI. Lo expresan los caballeros y nobles por una amada, que es perfecta para ellos.

toca un mariachi y un romance lo cantaban y lo tocaban en la Edad Media los **juglares**[15], **trovadores**[16] o **bardos**[17]. Viajaban de pueblo en pueblo, se aprendían cancioncillas populares y las representaban en las calles, ante un público espontáneo, o en las fiestas de palacio de los reyes y los nobles para divertirlos, o ante los balcones de sus amadas para enamorarlas. ¡Como trovadores que tienen mucho calor!

–Ay, chicos, de trovadores ni me habléis, que mi ex novio Pascal era muy poco cortés, muy poco cálido, muy poco amante; se parecía a un juglar malvado de los tiempos modernos; ahora ya no me quiere, se ríe de mí –añadió Nayeli divertida.

–Es más bien un bufón entonces, ¿no? –se sonrió Nelson–. Pues ahora tú, ríete de él, como **la luna lunera cascabelera**[18] del poeta del *Romancero Gitano.*

Los chicos continuaron la fiesta en otro lugar, entusiasmados. Cuando la noche se acabó, Raúl llegó a su residencia de estudiantes y se preparó para ir a la cama. Pero recibió la llamada inesperada de Sarah. Le anunciaba que llegaba a Madrid al día siguiente, junto con su amiga Amanda. Sarah tenía un pelo rubio de princesa de otros tiempos, una nariz pequeña, lunares por todos los sitios y estaba delgada como un palo. Una atractiva estudiante graduada de música, que escribía su tesis doctoral. Perfecta para Raúl, el intelectual, escritor, cantautor, y, en secreto, personaje de canción mexicana. Amanda era amiga de Sarah desde hacía poco tiempo. Se conocieron las dos en un

---

[15] **Juglar:** artista de la Edad Media que tocaba instrumentos musicales, cantaba y contaba historias o leyendas.

[16] **Trovador:** poeta que cantaba las canciones que él mismo escribía. Su poesía era sobre todo amorosa, pero también puede ser política, moral o religiosa.

[17] **Bardo:** persona que contaba historias, leyendas y recitaba largos poemas de su pueblo de origen.

[18] **La luna lunera cascabelera:** parte de una canción peruana para niños que se canta en la actualidad. Además, la luna es uno de los símbolos más importantes en la poesía de Federico García Lorca.

curso de malabares para el circo. Amanda ayudó a Sarah a capturar una pelota. Y Sarah le propuso ir con ella de vacaciones a Madrid, para encontrarle la nariz de payaso nueva, la definitiva, la perfecta. La nariz antigua le apretaba y era demasiado roja. Amanda abandonó la compañía médica para la que trabajaba como especialista en Recursos Humanos. Ahora quería desarrollar su talento artístico. Pero necesitaba una nariz de payaso de otro color, para combinarla con su personalidad introvertida, aunque muy creativa y divertida. Su carácter era parecido a una vieja historia de amor. Amanda era una estudiante eterna que siempre buscaba algo. Nunca se cansaba de explorar.

–¿Cómo? ¿Vienes con tu amiga Amanda? –le preguntó un poco enfadado Raúl a Sarah.

–Sí, claro, las amigas resultan muchas veces mejores que los novios, al menos siempre eres bienvenida entre ellas –respondió Sarah irónica.

–Amor, tienes que comprender que tres son multitud, pero ya que vamos a ser incluso siete, os espero a las dos muy emocionado –resolvió Raúl–. Tenemos algunos planes para vosotras. Iré a buscaros al aeropuerto.

Un buen día (quizás mejor decir, un día cualquiera) seis estudiantes en busca de romance estaban junto al estanque del parque madrileño de El Retiro. Asistían a un espectáculo callejero de malabares y de **gigantes y cabezudos**[19]. La vida era otra vez **puro teatro**[20]. Una canción. Un romance medieval. Pensaban en algo. Mientras tanto, el séptimo estudiante, Sandro, intentaba estudiar en una cafetería no muy lejana. Era muy estudioso, un

[19] **Gigantes y cabezudos:** figuras que se pasean en una fiesta popular que se celebra por toda Europa Occidental y en América Latina. Los cabezudos son más pequeños que los gigantes y tienen la cabeza más grande.

[20] **Puro teatro:** expresión que es el título de una canción de la cantante más importante del *Latin Soul* del siglo XX, la cubana Lupe Victoria Yolí Raymond. En España, la canción se hace muy famosa porque se canta en la película de Pedro Almodóvar, *Mujeres al borde de un ataque de nervios.*

ratón de biblioteca, como dice la expresión, pero no le gustaba comerse los libros de las estanterías. Prefería aprender con cafeína. El clamor de los tambores lo desconcentró. Salió del lugar y se marchó dispuesto a encontrar algo más que un romance. El teléfono de Daniela sonó.

–¿Dani?

–Sí, ¿eres acaso mi estudiante favorito? ¿Ese que solo abandona el libro para gritar a sus ex novias?

–No te rías de mí. ¿Estáis en El Retiro?

–Pues sí, ¿no oyes la música? Pero, ¿de dónde has sacado tú el teléfono? Si vives en el pasado…

–Tenía algunas monedas. Te llamo desde la cabina telefónica, que, ¡oh terror!, ya he gastado tres monedas de euro. Me voy para allá. Me cansé de estudiar y tengo una propuesta para nuestro viaje de fin de curso.

–¿En serio? Me das miedo. Eres un héroe de nuestro tiempo.

–Sí, me parezco a muchos escritores que a ti ya te gustaban en tu olvidada juventud... los conceptos son el fin de curso y el fin del viaje, el viaje de fin de curso, el viaje infinito y el viaje al pasado. Consulté algunas páginas web.

–Me sorprendes. ¿Desde cuándo te enfadas y eres a la vez tecnológico?

–¡Para ya! Os busco junto al estanque en media hora.

–¡Perfecto!

Daniela colgó el teléfono y se unió a los demás. Les comunicó que Sandro venía pronto con nuevas iniciativas. A estas alturas ya estaban los siete estudiantes en busca de romance. Sandro les enseñó una solicitud de subvención para el desarrollo de proyectos culturales en pueblos españoles casi vacíos, para atraer a la gente joven a vivir allí. ¿Una historia de amor, es decir, un romance con los jóvenes, con el mundo, con la esperanza de trabajar? Parecía más que las relaciones superficiales, algo aburridas, un punto egoístas que hasta hoy vivieron. Incluso el de

Sarah y Raúl. Sin mencionar el romance de Dani y Sandro. Sí, se lanzaban a por el romance viejo. Dani sacó de la mochila un libro: ***Flor nueva de romances viejos***[21]. Nelson indagó:

–¿No es el romancero gitano de Lorca, donde los gitanos se matan por el amor?

–No, pero también se puede morir por amor en este libro. Es una selección de romances sin autor, son viejos porque se cantan desde muy antiguo en distintas regiones de España. Ahora solo tenemos que encontrar abuelitos o abuelitas que nos puedan recordar y entonar alguno de estos romances medievales. Y no me refiero al viejo de mal carácter de Sandro... –Todos rieron decididos y Nelson añadió:

–¡Qué idea tan estupenda! Sarah puede introducir a los ancianos con su música, Amanda puede bailar, Raúl tiene que tocar la guitarra, Naye y Dani deben representar la historia del romance, y Sandro tiene que escribir un diario del viaje. Hay que actuar con rapidez.

–¿Y cuál es tu papel? –preguntó quejica Sandro.

–Yo voy a grabar todo en mi cámara –dijo Nelson extasiado–. Las entrevistas, las canciones, las actuaciones. Siempre me gustó tanto el cine español de Buñuel. Tiene que ser un estilo surrealista, para poder mezclar presente y pasado de una manera perfecta.

–Pero, ¿y si no nos dan la beca para fundar nuestra casa de cultura y romance? –preguntó Nayeli muy realista.

–Si no nos dan la ayuda económica –opinó Raúl– tenemos que vivir como hemos pensado. Somos siete personajes en busca de romance, siete juglares, trovadores, bardos o **bufones**[22]

[21] ***Flor nueva de romances viejos:*** título que el filólogo e historiador Ramón Menéndez Pidal da uno de sus libros, donde colecciona muchos romances que oyó o leyó a lo largo de su vida.

[22] **Bufón:** personaje típico de la Edad Media y de principios de la Edad Moderna, que con sus acciones y palabras hacía reír a los gobernantes. Actualmente un bufón es alguien cómico, muy divertido, que nos hace reír.

que ganan su pan por las calles de un pueblo español cualquiera.

–¡Excelente idea, bobo! –animó Sarah–. Entonces, ¿tú y yo somos un romance? ¿O solo somos los actores para un romance?

–¿Quién sabe? Lo importante es que no somos unos personajes cualquieras, ni tenemos un romance cualquiera. Hay que elegir una historia…–concluyó Raúl.

–Que tampoco puede ser una historia cualquiera –**remedó**[23] Amanda–. Tiene que ser una leyenda de libertad, es fin de curso, es el **tránsito**[24] de una vida vieja de estudiantes o de trabajadores en prácticas a una vida distinta. ¿Qué hacemos para pasar el Ecuador, como dice Dani?–. Pero Amanda no pudo acabar su pregunta, porque Sandro la empujó cariñosamente (creo que desde que la vio volvió a creer en el romance), esta se tambaleó, y, como payasa excelente, creó espectáculo y se cayó al agua del estanque más marrón del mundo. Después del susto inicial y algunas risas, los seis personajes la ayudaron a salir del agua sucísima. Amanda rió tímidamente, también estaba enamorándose, pero nunca iba a confesarlo. ¿Quién tenía ganas de descubrirlo? ¿Quién quería saber que se enamoró de un italiano con carácter de viejo diablo, demasiado travieso, algo **anticuado**[25], pero inteligentísimo, conocedor de mundo y con un sentido del humor más deseable que cualquier club de la comedia de chistes supermalos? ¿Quién podía interesarse en esos ojos mentirosos, pero muy auténticos? ¿Quién podía querer para no querer, conocer para dejar de saber? Jamás. Demasiado romancero…

[23] **Remedar:** imitar.

[24] **Tránsito:** paso de un estado a otro.

[25] **Anticuado, a:** que está en desuso o pasado de moda.

DURANTE LA LECTURA

1. Busca las palabras diferentes en los siguientes grupos de palabras.

a. romance, poema, canto épico-lírico, cómic, canción, tebeo.

b. cantautor, bardo, guitarrista, juglar, trovador, pianista.

c. beca, ayuda económica, dinero, examen.

d. tragar, comer, zampar, engullir, beber.

e. pasaje del terror, noria, supermercado, tiovivo, parque de atracciones.

2. Señala las palabras relacionadas con:

a. Romance: pesadilla, historia detectivesca, bolero, historia de amor.

b. Trama: conclusiones, principio, final, argumento, desenlace.

c. Don Quijote: molino de viento, Cervantes, Macbeth, Dulcinea, Shakespeare.

d. Paso del Ecuador: viaje de fin de curso, vacaciones de verano, vacaciones de Semana Santa.

3. Relaciona cada obra con su autor, si lo tiene (es decir, si no es un anónimo).

1. *Flor nueva de romances viejos*	**a.** Julio Verne
2. *Romance del Prisionero*	**b.** William Shakespeare
3. *Romeo y Julieta*	**c.** Anónimo (x2)
4. *Cien años de soledad*	**d.** Menéndez Pidal
5. *Tristán e Isolda*	**e.** Gabriel García Márquez
6. *La vuelta al mundo en ochenta días*	

4. Ahora, une las columnas de los títulos de las obras con sus géneros.

1. *Flor nueva de romances viejos*	**a.** Novela realista mágica
2. *Romance del Prisionero*	**b.** Drama
3. *Romeo y Julieta*	**c.** Poesía
4. *Cien años de soledad*	**d.** Compilación de cantos épicos
5. *Tristán e Isolda*	**e.** Novela de aventuras
6. *La vuelta al mundo en ochenta días*	**f.** Romance

5. Por último, ¿con qué título asociaste al autor Menéndez Pidal? Investiga en Internet sobre su vida y obra y escribe quién fue y qué hizo.

Ejemplo: *Nació en..., estudió en..., llegó a ser...*

La flecha del camino señalizaba la dirección: «**Almagro**[26], Festival de Teatro Clásico y Medieval». Los siete personajes llegaron a una **villa**[27]. Por toda la ciudad corrían otros personajes, ¿de película de terror, de tragedia griega? Eran chicos y chicas vestidos con túnicas blancas y llevaban laureles en la cabeza, con sandalias de color de plata. ¿Y nuestros personajes? ¿Cómo se movían, adónde se dirigían? ¿Qué ropas llevaban para despertar la sorpresa y la admiración de los personajes de blanco? Sarah vestía unos pantalones cortos amplios, una blusa de mangas cortas en forma de tréboles, un sombrero pequeño y una pluma en la cabeza. En las manos traía sus partituras y una cítara. Amanda llevaba puesto un vestido largo, muy ajustado por arriba, muy **holgado**[28] por abajo, de terciopelo rojo y, sí, también su nariz de payasa morada. Sandro llevaba bajo el brazo el diseño de un caballo dibujado en una enorme cartulina marrón, sus pantalones de colores *hippy* favoritos y su camiseta con las letras impresas: *The rational economics in an irrational world.* Raúl sujetaba la guitarra e iba vestido con abrigo verde. En la cabeza se puso una corona dorada. Nayeli iba escondida dentro de una armadura. Sudaba mucho. Daniela caminaba mientras leía un libro morado, *Flor Nueva de Romances Viejos,* y en la otra mano sujetaba una caja negra de tamaño medio, sin tapar. Llevaba puestas sus gafas violetas, su minifalda vaquera y sus zapatillas

[26] **Almagro:** ciudad de la provincia de Ciudad Real. Considerada la *Ciudad de teatro*, porque en ella se celebran el Festival Internacional de Teatro Clásico y el Festival de Teatro Contemporáneo Iberoamericano.

[27] **Villa:** pueblo pequeño.

[28] **Holgado, a:** ancho.

deportivas. ¿Y Nelson? Pues no lo conocías apenas con su disfraz de prisionero, una bola y una cadena atadas al tobillo, el pecho desnudo, delgadísimo, pantalones viejos, barba de siete días y la cara pintada de color ocre.

–¡Te buscábamos! –exclamaron casi a coro los siete personajes para un romance. De pronto, un señor elegante, de traje de chaqueta verde oscuro, calvo, de barba escasa, aunque canosa, de una palidez preocupante salió por detrás del cartel y dijo:

–¡Y yo los encontré! Encantado de conocerlos, me llamo **Ramón Menéndez Pidal**[29] y estoy reuniendo **héroes**[30], **liras**[31] y caballeros para avivar el romance. Quiero montar un espectáculo con el fondo temático del romancero, para decir y representar y musicalizar **poemas épicos**[32]. Bienvenidos a la Edad Media en algún lugar entre Francia y Aragón. ¿Se animan?

El **telón**[33] se abrió. La escena estaba compuesta por una valla de hierro, de esas que se ven todo el rato en las calles de Madrid, que normalmente son amarillas y protegen al caminante de caer sin querer en un agujero abierto en las aceras para arreglar algo que siempre anda roto en las grandes ciudades. La valla estaba pintada de color negro. Nelson aparecía con el disfraz de prisionero, sentado tras la valla, miraba entre los hierros, hacia arriba. ¿Qué había allí arriba? Del techo del escenario colgaba una paloma blanca hecha de cartón, con una línea roja dibujada en el ala. Quería ser sangre. Nelson empezó a declamar:

---

[29] **Ramón Menéndez Pidal:** filólogo del siglo XX, especialista en folclore, Edad Media e Historia de España. Es interesante su estudio intenso de los romances.

[30] **Héroe:** en la mitología y en el folclore, es un personaje que representa las características más ideales o mejores de la cultura que representa.

[31] **Lira:** instrumento musical de cuerda que se toca con las dos manos.

[32] **Poema épico:** poema que se origina en la Grecia Antigua donde el autor narra hechos de leyenda o de ficción.

[33] **Telón:** cortina grande que separa el escenario de un teatro de la sala del público.

– ***Que por mayo era, por mayo***[34]***,*** */ Cuando hace la calor…* –Daniela se escondía en la caja negra sin tapa y apuntaba a Nelson, que había olvidado algunas partes del romance–. *sino yo, triste, cuitado, / Que vivo en esta prisión…* –Nelson pudo continuar su romance, gracias a la ayuda de Daniela–. *que ni sé cuándo es de día / Ni cuándo las noches son, / sino por una avecilla / Que me cantaba al albor* –recitaba Nelson, cuando Sandro entró en escena vestido con pantalones de campana, blusa de mangas amplias, manoletinas en los pies y un arco y una flecha en las manos. Apuntaba a la paloma que colgaba del techo del escenario. Nelson siguió recitando su romance, mientras Sarah salía por detrás de la escena y tocaba en la cítara una melodía tan triste… Toda esa música anunciaba el peor final. Nelson entonaba ahora otra vez–. *Matómela un ballestero / Déle Dios mal galardón.*

Entonces Amanda, que estaba subida en una escalera junto a la paloma de cartón, cortó con las tijeras la paloma que se derrumbó a tierra, herida de muerte. Pero, accidentalmente, también se le cayó su nariz de payaso violeta. Todos rieron a carcajadas y la **mueca**[35] triste del prisionero se convirtió en un canto feliz. ¡Ironías del destino!

–Salió fatal, chicos –se quejaba Nayeli tras su armadura de doncella guerrera delante de un café negro. Los siete personajes y su misterioso autor pálido como un fantasma del pasado, estaban sentados en una cafetería pequeña con mesas muy

---

[34] ***Que por mayo era por mayo…:*** Estos versos pertenecen al *Romance del Prisionero,* que el autor Ramón Menéndez Pidal recoge en su selección de romances. El prisionero (alguien que está en una cárcel) se alegra cuando ve los pájaros y los oye cantar (*al albor,* es decir, cuando amanece), porque no tiene otro contacto con el mundo exterior. Está encerrado y es primavera (*mayo, hace calor*). Pero un día, un hombre (*el ballestero*) mata al pájaro -al que el prisionero llama con cariño, *avecilla*- y, por eso, el prisionero se pone muy triste (ya no sabe cuándo es por la mañana ni cuándo es por la noche y se siente *cuitado,* es decir, infeliz, afligido, triste). El prisionero maldice al hombre que mató al pájaro con la frase: *déle Dios mal galardón* (que Dios le envíe mala fortuna, mala suerte).

[35] **Mueca:** movimiento de la boca en tono de burla.

antiguas, semejantes a máquinas de costurera. Comentaban la actuación.

–A mí me parece que estuvimos muy innovadores, y queríamos hacer *Flor nueva de romances viejos*, pero nos salió una vieja flor de romances muy nuevos, de hoy en día –comentó Raúl mientras le daba vueltas a su café con hielo.

–Sí, es una manera de verlo, un punto de vista. Siempre tienen que abundar en el teatro, ¿verdad? –animó Dani mascando algún hielo que robó del café de Raúl.

–La nariz se me despegó en el peor momento. Pero al menos no se cayeron también las tijeras para cortar el hilo del que colgaba la paloma, que por cierto, ¿era eso una paloma? Dibujas fatal Sandro –bromeó Amanda moviendo la cucharilla en el vidrio del vaso.

–Por suerte no tiraste las tijeras, guapa, no hacía falta heridos, que todavía no era ***El romance la doncella guerrera***[36], aún no teníamos que luchar con nadie, ni perseguir a la *Drag queen* que no se casó con nosotros, ni siquiera con las tijeras de la clase de diseño, *ja, ja, ja* –alivió Nelson.

Nayeli besó a Nelson por simpático, y lo hizo a través del casco de la armadura. ¡Más difícil todavía! ¿Quién dijo romance?

–Escuchad chicos, al menos la música fue estupenda, Sarah tocó de maravilla su pequeña cítara y no hirió a nadie con ninguna cuerda del instrumento –se alegró Dani–. Además, yo hice una buena tarea recordándoos el texto cuando se os olvidaba. Mi voz funcionó a la perfección. Puedo buscar trabajo de actriz de doblaje. ¡Y al final hemos viajado todos! El paso del Ecuador, ¿recuerdan?

---

[36] ***El romance de la doncella guerrera*:** romance que también se recoge en la selección de romances que hace Menéndez Pidal. Trata de un padre que tiene solo siete hijas, pero ningún hijo para protegerlo. Una de las hijas se disfraza de chico y se va a luchar contra otro señor, que descubre que no es chico, sino chica y se enamora de ella.

–Bueno, yo creo más bien que se ha convertido en el «una película de miedo» –sentenció Sandro risueño.

El viejo fantasma, que parecía un escritor muy sabio llamado quizás Menéndez Pidal, les puso encima de la mesa a los estudiantes en busca de romance un sobre. ¿Qué sorpresa encierra? El sello tiene unos molinos de viento, de esos contra los que luchó Don Quijote. El remitente es el Ministerio de Educación. ¿Habrán conseguido los estudiantes en busca de romance un premio para continuar haciendo teatro, cantando poesías? Los siete personajes abrieron los ojos grandísimos. El fantasma de Menéndez Pidal desapareció. Solo quedó un humo gris. Ahora empezaba el viaje verdadero. No uno cualquiera.

DESPUÉS DE LA LECTURA

1. Contesta verdadero (V) o falso (F).

	V	F
a. En el relato, es verano y hace mucho calor.	☐	☐
b. Daniela tiene la idea del paso del Ecuador a partir de una revista.	☐	☐
c. Daniela y Nayeli se reúnen para hablar del viaje de fin de curso en un bar muy especial.	☐	☐
d. Raúl conoce por primera vez a Nelson, Daniela y Nayeli en un parque.	☐	☐
e. Nelson canta corridos mexicanos en un bar cuando los estudiantes lo conocen.	☐	☐
f. Sandro no quiere reunirse con los seis estudiantes en El Retiro.	☐	☐
g. Nelson quiere grabar a los abuelos recitando romances.	☐	☐
h. Sandro va a escribir un diario de viaje por los pueblos por los que los estudiantes entrevistan a los abuelos, en busca de un romance.	☐	☐
i. Nayeli sugiere pedir una ayuda económica para fundar una casa de cultura con el tema del romance.	☐	☐
j. Los siete personajes del relato viajan a Almagro.	☐	☐
k. En Almagro hay un festival de Carnaval, por eso todos los habitantes se pasean por sus calles con túnicas blancas y sandalias de plata.	☐	☐
l. En el festival, Daniela es la única entre los siete personajes que va vestida con su ropa corriente.	☐	☐
m. Sarah va metida dentro de una armadura.	☐	☐
n. Los personajes no representan su obra en un escenario, sino en el campo.	☐	☐
ñ. Nelson, que hace de prisionero, está colocado detrás de una valla amarilla.	☐	☐
o. Al finalizar la actuación, los siete estudiantes se reúnen en la casa de un habitante de la villa de Almagro.	☐	☐
p. A Daniela y a Raúl les ha gustado la actuación que han hecho los siete estudiantes en Almagro, pero a Nayeli no.	☐	☐
q. A Sandro la función le parece una película de humor.	☐	☐
r. El personaje del prisionero entrega un sobre con algo dentro a los siete estudiantes.	☐	☐
s. El relato termina con el comienzo de un viaje de mentira, uno cualquiera.	☐	☐

2. **Contesta las siguientes preguntas.**

a. ¿Por qué crees que Daniela es la estudiante que tiene la idea de un viaje? De acuerdo con el relato que has leído, ¿cómo es su personalidad?, ¿qué dice su ropa de ella?, ¿qué dicen los libros que lee de su manera de ser?

b. ¿Cómo explicas la frase que aparece en la revista que cae de la mesa de Daniela: "Si quieres ser mejor que nosotros, querido amigo, viaja"?

c. ¿Qué estudian cada uno de los chicos y a qué se dedican?

d. ¿Qué planean los estudiantes para conseguir dinero? ¿Para qué quieren ese dinero? ¿Qué es una beca? ¿Has pedido muchas becas en tu vida de estudiante?

e. ¿Por qué van los estudiantes al pueblo de Almagro?

f. ¿A quién encuentran los estudiantes a su llegada a Almagro? ¿Alguna vez has buscado a un autor, cantante o actor que te gustaba mucho?

g. ¿Qué romance representan?

h. ¿Qué hacen los estudiantes después de la representación?

i. ¿Qué cosa reciben los estudiantes de parte del autor?

3. **¿Qué piensas que hay en el sobre que le dan a los estudiantes al final del cuento? Imagina cómo termina la aventura de los siete estudiantes.**

4. **Si viajas con frecuencia, ¿adónde vas? Si quieres conseguir dinero para un viaje, ¿qué haces? ¿Lees durante los viajes? ¿Qué tipo de literatura te gusta leer? ¿Has leído algún libro que te impulsó a viajar? ¿Viajas a menudo con la ayuda de tu imaginación? ¿Adónde vas con la ayuda de tus sueños?**

5. **Describe un viaje que has hecho en el pasado. Cuenta si te gustó o no aquel viaje, por qué te gustó o te disgustó, si te sucedieron cosas sorprendentes o todo fue normal.**

Claves

ANTES DE LA LECTURA

1. **1.** Prehistoria; **2.** Edad Antigua; **3.** Edad Media; **4.** Edad Contemporánea; **5.** Edad Moderna; **6.** Posmodernidad.

2. **1.** Caballero; **2.** Trovador; **3.** Dama; **4.** Morisca; **5.** Juglar.

5. **1.** b; **2.** d; **3.** a; **4.** e; **5.** c.

DURANTE LA LECTURA

1. **a.** cómic, tebeo; **b.** cantautor (Es el único que no toca un instrumento); **c.** examen (No tiene relación con las becas); **d.** beber (No es un sinónimo de comer); **e.** supermercado (No está en el parque de atracciones).

2. **a.** bolero, historia de amor; **b.** principio, final, argumento, desenlace; **c.** molino de viento, Cervantes, Dulcinea; **d.** viaje de fin de curso.

3. **1.** d; **2.** c; **3.** b; **4.** e; **5.** c; **5.** a.

4. **1.** d; **2.** f; **3.** b; **4.** a; **5.** c; **6.** e.

DESPUÉS DE LA LECTURA

1. **a.** V; **b.** V; **c.** F (En un bar cualquiera); **d.** F (En el bar); **e.** V; **f.** F (Se cansó de estudiar y fue a El Retiro); **g.** V; **h.** V; **i.** F (Es Daniela); **j.** V; **k.** F (Festival de Teatro Clásico y Medieval); **l.** V; **ll.** F (Era Nayeli); **m.** F (En un escenario); **n.** V; **ñ.** F (En una cafetería); **o.** V; **p.** F (Una película de miedo); **q.** F (Era Menéndez Pidal); **r.** F (Un viaje verdadero).

2. **c.** Daniela estudia Lingüística Hispánica (Filología Hispánica); Sandro estudia Literatura Medieval (Filología Hispánica); Nayeli es física y filósofa; Amanda trabaja como especialista en Recursos Humanos; Raúl es estudiante de intercambio especializado en literaturas española e iberoamericana; Nelson es matemático; y Sarah es estudiante graduada de música y escribe su tesis doctoral; **d.** Planean pedir una ayuda económica para fundar una casa de cultura; **e.** Para representar un romance; **g.** Romance del Prisionero; **h.** Se reúnen en un café; **i.** Un sobre cuyo remitente es el Ministerio de Educación.

VI

La oreja de Van Gogh

Carmen Rosa de Juan*

B1 B2

20

* (Barcelona, 1965). Nace en Barcelona, en el seno de una familia de abogados y artistas. Profesora de Español de los Negocios en IESE y de International Business y Management en la BIC de Barcelona. Coautora y autora de manuales para la enseñanza de ELE. Añade a su formación en Filología, Derecho y Economía sus estudios y pasión por la Criminología y por la novela de suspense.

ANTES DE LA LECTURA

1. **¿Sabes quién fue Van Gogh? Con tu compañero, escribe una biografía de Van Gogh ayudándote de la información que puedas deducir del siguiente esquema. Usa tu imaginación.**

Vincent Van Gogh
- pintura
- disparo en el pecho
- Holanda
- posimpresionismo
- hospital psiquiátrico

2. **¿Conoces obras de Van Gogh? Relaciona los cuadros con los títulos que aparecen a la derecha.**

a.

c.

b.

d.

1. *La habitación de Vincent en Arlés.*
2. *Autorretrato de Van Gogh.*
3. *Campo de trigo con ciprés.*
4. *La noche estrellada.*

3. **¿Por qué es famosa la oreja del pintor? Con tu compañero, busca en Internet teorías sobre lo que pasó con su oreja y explica alguna de las versiones que se dan.**

4. **Antes de leer *La oreja de Van Gogh*, haz hipótesis sobre el tema de la historia. ¿Puedes escribir una pequeña sinopsis del texto?**

Antonia tenía mucho sueño, casi no podía mantener los ojos abiertos. Desde la ruptura con su marido no lograba dormir más de tres horas seguidas. Pensó que al cambiar de aires viniendo a Barcelona las cosas cambiarían, que se sentiría llena de ánimo y que el agotamiento diario que suponía descubrir una ciudad a diario, y la distracción que entraba en su vida al conocer a personas de otros países en la escuela de idiomas, donde se había apuntado, serían como un **bálsamo**[1] para el espíritu. Lo más importarte era alejarse de la cotidianeidad en la que se sentía atrapada en su hogar de siempre. Necesitaba novedad en su vida, aire fresco. Pero no era así, echaba de menos el contacto diario con su hija, muy joven aún, aunque a sus 19 años ya era mucho más adulta que ella. Se sentía culpable por no saber afrontar la ruptura de su matrimonio y por huir de la realidad. En fin, que no podía dormir, porque de noche le atacaban todas las dudas formando un **batallón**[2] contra el que se veía incapaz de luchar.

Estaba de pie, junto a la puerta del vagón del metro donde viajaba para ir a la escuela, absorta en sus pensamientos, cuando la puerta se abrió y entre la gente que entró, sus ojos se pararon un momento sobre una mano de hombre y, de repente, se **estremeció**[3] de pies a cabeza. Fue algo fugaz, rápido, apenas unos segundos, pero la visión de aquella mano le impactó tanto que se puso pálida y las piernas casi se le doblaron. ¿Qué había

[1] **Bálsamo:** lo que sirve de consuelo o alivio.
[2] **Batallón:** unidad militar compuesta de varias compañías o grupo de personas.
[3] **Estremecer:** impresionar, conmover o temblar.

pasado?, ¿de quién era esa mano? Miró a su alrededor, pero no pudo identificar al dueño de la mano, se habría sentado, o se habría metido las manos en los bolsillos. No logró dar con él.

Bajó una parada después y subió las escaleras del metro tan rápidamente como pudo. Cuando entró en la escuela, se fue directamente a la máquina de café y se tomó un capuchino bien fuerte. Odiaba el café de máquina, pero necesitaba algo para reaccionar.

Saludó a algunos compañeros y habló con ellos de cosas sin importancia, pero no se atrevió a comentar nada de lo sucedido. Pensarían que estaba loca o algo parecido. Tan solo había visto una mano, una mano grande, muy grande, con los dedos muy cortos y las uñas como palas de *ping-pong*. Era una mano poco corriente y fea, sí, muy fea, pero ¡era solo una mano! Sin embargo, sentía miedo solo de pensar en ella, imaginándose aquella mano llena de sangre, causando dolor. ¿Me habré vuelto loca? pensó, y decidió entrar en clase, aunque todavía no eran las nueve.

Manuel, el profesor de español, ya estaba en clase hacía un rato. Su compañera, Maribel, se había puesto enferma y él tenía que sustituirla en la clase de prensa. Ella le había dejado preparada una noticia sobre el teatro alternativo en Barcelona, pero a Manuel no le apasionaba el tema, de modo que buscó algo en los periódicos del día directamente en Internet. Hojeó La Vanguardia, El País, El Mundo... en busca y captura de una noticia atractiva. Crisis, corrupción, paro, delincuencia, ¡por favor! ¿No había nada interesante hoy? ¡Ah sí! ¡Al fin! El titular decía «Van Gogh no era un loco, era un trabajador concienzudo». Aquello prometía ser más jugoso.

–¡Buenos días! –dijo Antonia al entrar.

Manuel respondió a su saludo y la miró mientras se sentaba junto a la ventana. Era muy alta, mucho más que él, rubia y con unos ojos verdes preciosos y enigmáticos que delataban su inteligencia, pero que ponían su corazón triste al descubierto. Manuel sentía una indescriptible ternura hacia ella.

Luego entró Peter, un estudiante alemán de unos cincuenta años, muy bien parecido, neurólogo de profesión, que quería mejorar su español para lograr un buen trabajo en Barcelona. Con él entraron Miriam, alemana como él y estudiante de Derecho, y Katerina, ucraniana y estudiante de Economía. Poco a poco, fueron entrando casi todos los alumnos.

–Bueno, ¿estamos todos ya? –preguntó Manuel.

–No, falta Alex. Hoy tenía una entrevista, creo –contestó Lam, una chica china que rompía con el estereotipo porque no era tímida, ni callada, ni discreta, sino todo lo contrario. No era especialmente guapa, pero sí muy atractiva y atrevida, con una hermosa sonrisa que contagiaba simpatía.

Manuel empezó preguntando a quién le gustaba Van Gogh y mostrando imágenes que había seleccionado. De fondo, puso una canción de un famoso grupo musical español, *La oreja de Van Gogh*, para jugar con la emotividad del grupo. **En un santiamén**[4] captó la atención de todos con su particular forma de hablar.

Y es que Manuel era pura chispa a punto de prender fuego, gesticulaba mucho y como buen español, movía las manos acompañando cada palabra que salía de su boca. Pero, a medida que se entusiasmaba, movía todo el cuerpo como si una corriente eléctrica estuviese jugando con él. No cabía duda de que Manuel no dejaba **impasible**[5] a nadie, tenía una imagen muy particular, era como un Don Quijote en miniatura, de apenas 1.60 de estatura y 50 kilos de peso, la tez pálida como su pelo y ojeras azuladas como sus ojos claros. Era vegetariano por convicción y soltero por vocación. La energía que rebosaba al hablar y sobre todo el contenido de sus palabras, llenas siempre de sabiduría y datos

---

[4] **En un santiamén:** en un instante.

[5] **Impasible:** indiferente o sin manifestar alteración.

que solo una memoria privilegiada como la suya podía ofrecer, hacían de él un ser especial, carismático como el que más.

Ese año todos los medios hablaban de crisis, crisis que afectaba a todo el mundo de uno u otro modo, sin embargo, en la escuela no se notaba y es que nunca había habido tantos alumnos como entonces. Eso provocaba situaciones controvertidas, porque había días en los que todas las aulas estaban ocupadas y no había espacio para todos los grupos. Entonces se recurría a la «salida sorpresa», que solía coincidir con los viernes, y al profesor que le tocase la sorpresa no siempre le gustaba la idea de cambiar de planes y tener que hacer una salida cultural que no tenía preparada. Pero, para Manuel era completamente diferente. Él se ofrecía encantado a hacer de **cicerone**[6]. Le encantaban esas salidas con los estudiantes y hacer la ruta **Gaudí**[7], por ejemplo, visitando La Pedrera, la Casa Batlló, el parque Güell o la Sagrada Familia. En cualquiera de esos lugares, se sentía orgulloso de su origen, de poder mostrar al mundo una arquitectura rompedora, original y auténtica que marcaba el sello de su ciudad.

Ese viernes, después de la clase de prensa donde se reunían varios grupos, les pidió a sus alumnos que se preparasen para un viaje en el tiempo. Pensaba llevarlos a visitar la ciudad romana, cuyas ruinas descansan bajo el Barrio Gótico.

– Esta es la Plaza San Jaime –les comentó una vez allí–. Es la parte más alta del barrio, ya que antes era el Monte Taber. En el siglo XIX se derribó la antigua iglesia de San Jaime y se construyó la nueva fachada del Ayuntamiento, pero los edificios que veis aquí son realmente antiguos, solo tenéis que mirar los muros –dijo tocando con sus manos uno–. Pero la mayor parte de

[6] **Cicerone:** persona que enseña y explica las curiosidades de un lugar, edificio, etc.
[7] **Gaudí:** importante arquitecto español de finales del siglo XIX y principios del XX. La mayor parte de su obra está en Barcelona, entre las que destacan La Pedrera, la Casa Batlló, el parque Güell o la Sagrada Familia.

los edificios de **Barcino**[8] están bajo tierra, así que vamos hacia la Plaza del Rey para verlas en el Museo Municipal de la Historia.

Buscó la mirada de Antonia, pero la vio hablando embelesada con Peter. Ella caminaba junto al estudiante alemán, explicándole detalles de cuanto veían. Conocía bien la ciudad porque cada día paseaba durante horas por ella y porque era una apasionada de la arquitectura. Esa hubiera sido su profesión, si después de acabar la carrera no hubiera decidido casarse y formar una familia a la que se dedicó en cuerpo y alma durante veinte años.

Ya en el museo, entraron en el ascensor que les conducía al sótano de la ciudad, mientras un reloj digital de años contaba atrás hasta el año 600 a.C. Llegaron al Barcino romano y contemplaron ruinas de la muralla, del fundamento del edificio, de iglesias y balnearios.

–¡Fíjate! –dijo Lam a Miriam–, las romanas debían depilarse mucho las cejas. ¿Has visto cuántas pinzas hay aquí expuestas? –Las dos rompieron a reír como niñas y Manuel intentó continuar su explicación sobre cómo se salaba el pescado, cómo se lavaba y teñía la ropa o cómo se producía el vino. Hablaba sin parar, pero su habitual entusiasmo parecía haberse **desvanecido**[9]. Miraba de reojo una y otra vez a Antonia y Peter y sentía que un gran muro de piedra le separaba de ella.

Volvieron a la Plaza de San Jaime porque Manuel quería mostrarles la sala del **Consejo de Ciento**[10], un lugar formidable creado por el rey **Jaime I**[11] en el siglo XIII.

–Tenéis que verlo, es precioso –les dijo–, es el origen del parlamento, nada de ingleses, los catalanes fuimos los primeros. El

---

[8] **Barcino:** nombre con el que se designa a la Barcelona romana.

[9] **Desvanecer:** deshacer, desaparecer.

[10] **Consejo de Ciento:** en catalán *Consell de Cent*. Era la institución de autogobierno municipal de la ciudad de Barcelona.

[11] **Jaime I:** con el seudónimo de *El Conquistador*, fue rey de Aragón, de Valencia y de Mallorca, y conde de Barcelona, entre otros títulos.

Consejo de Ciento era una institución medieval de gobierno de la ciudad de Barcelona compuesta por cien miembros. Un verdadero Parlamento.

Sin embargo, no pudieron entrar en el Ayuntamiento porque había una manifestación frente a él. No había mucha gente, pero hacían mucho ruido y resultaba desagradable. No pasa nada, dijo Manuel, esto aquí es normal. Pero empezó a llegar más y más gente y en pocos minutos la cosa se puso fea, llegó más policía y Manuel intentó sacar de allí a su grupo de estudiantes.

De repente, Antonia se puso a chillar. Alguien le había robado el bolso de un **tirón**[12]. Entre la confusión no consiguieron ver quién había sido, pero Antonia estaba temblando de miedo, estaba segura de que la mano que había dado el tirón a su bolso era la mano del metro. Lam llamó a un policía, pero él se limitó a pedirles que salieran de allí cuanto antes, si no querían tener problemas, y es que el panorama era desquiciante.

Salieron a la calle Ferrán y fueron por una calle lateral a la izquierda, la calle Avinyó, metiéndose en uno cualquiera de los muchos restaurantes catalanes que allí hay.

–A ver, Antonia –dijo Manuel–, tranquilízate mujer, ya ha pasado todo. Iremos a comisaría para poner una denuncia, pero antes será mejor que nos sentemos un momento y tomemos algo para calmarnos todos un poco.

–Sí, es mejor, no podemos hacer ya nada y debes calmarte –dijo Peter intentando tranquilizar a Antonia que no dejaba de temblar como una hoja.

---

[12] **Tirón:** robo de un objeto, tirando violentamente de él.

DURANTE LA LECTURA

1. **Contesta estas preguntas relacionadas con el relato. Después compara tus respuestas con tu compañero.**

a. ¿A qué clases se había apuntado Antonia?

b. ¿Qué vio en el metro yendo a clase?

c. ¿Qué preparó Manuel para esa clase cuando tuvo que sustituir a Maribel?

d. ¿En qué consistía la "salida sorpresa" de los viernes?

e. ¿Qué visitaron los alumnos con Manuel el viernes?

f. ¿Qué ocurrió delante del Ayuntamiento?

2. **Selecciona uno de estos personajes que aparecen en la historia y prepara una breve descripción física y de carácter. Busca información en el texto y completa la descripción con hipótesis y opiniones personales.**

Antonia • Manuel • Peter • Miriam • Katerina • Lam

3. **Con tu compañero, señala el recorrido que hicieron Manuel y sus alumnos por el Barrio Gótico. Después busca en Internet un mapa de Barcelona e intenta encontrar el recorrido.**

4. **Vuelve a la sinopsis que escribiste en la actividad 4 de la página 106. ¿Es similar a la historia que estás leyendo? Coméntalo con tus compañeros.**

5. **¿Cómo crees que continúa la historia? Usa tu imaginación y escribe qué crees que pasará después. Para ayudarte piensa en las respuestas de estas preguntas.**

¿Quién le ha robado el bolso a Antonia? ¿Qué llevaba Antonia en el bolso? ¿Qué consecuencias puede tener este robo para ella?

Lam y las otras chicas y chicos jóvenes se sentaron y pidieron el menú dispuestos a probar lo que parecía comida típica catalana. Les dieron un menú en inglés y lo hojearon detenidamente comentándolo todo.

Manuel estaba preocupado por Antonia y observó que Peter también lo estaba. Se sentaron en una mesa apartada.

–A ti te pasa algo más, ¿no? ¿Qué tenías en el bolso? –dijo Peter.

–Todo, mi pasaporte, mi móvil, mis tarjetas de crédito, fotos... –contestó ella.

–Bueno –dijo Manuel– las tarjetas las cancelas ahora desde mi móvil, eso no es problema, ¿vale?

Ella llamó a Bulgaria y muy nerviosa hizo las gestiones oportunas, pero cuando colgó seguía muy alterada. No podía quitarse de la cabeza la imagen de la mano. Ahora era capaz de recordar en ella un anillo. Era de oro y tenía una piedra negra en el centro. Peter, tomándole la mano, le pidió que respirara profundamente varias veces, mientras la miraba fijamente con sus tranquilizadores ojos azul mar y al verla más calmada le preguntó si padecía de **trastornos**[13] de ansiedad o algo así. Ella le contó lo de su separación y cómo le estaba afectando todo el tema.

Manuel, se sintió doblemente mal, por ella y por sí mismo. Por ella, porque ahora conocía mejor el motivo de su tristeza, y por él, por sentirse un intruso en aquella conversación de tres en la que él sobraba. Se levantó y fue a ver cómo estaban los

[13] **Trastornos:** alteración leve de la salud.

otros estudiantes que disfrutaban de su pan con tomate, jamón de jabugo, bacalao al *pil pil* y muchas cosas más.

Antonia no podía más y le contó a Peter la escena de la mano en el metro, todo cuanto se le había pasado por la cabeza y cómo había reconocido la misma mano cuando le robaron el bolso. Peter la escuchó sin decir palabra, y finalmente le explicó que todo parecía estar relacionado con su estado de ansiedad y la falta de sueño, y que seguramente la mano que tiró de su bolso era una mano cualquiera, pero que el hecho de recordar que el ladrón llevaba un anillo con una piedra negra podría ser un buen dato para la policía.

En ese momento sonó un móvil, era el de Peter. Contestó inmediatamente y habló medio en alemán, medio en español. Cuando colgó el móvil, les explicó que debía marcharse. Su bebé de siete meses se había puesto malo, tenía fiebre y debía irse inmediatamente.

–¿Un bebé? ¿Tienes un bebé de siete meses? –preguntó Antonia sorprendida.

Ni ella ni Manuel sabían que esa era la razón por la que Peter buscaba trabajo en Barcelona. Conoció a Angelines, una chica madrileña de 27 años, en Berlín dos años atrás, y se enamoró tan perdida y locamente que lo dejó todo por ella, su familia, sus amigos, y ahora su trabajo en una importante clínica privada y su país para venirse aquí con ella y comenzar otra vida, con otros ojos, otras ilusiones, a sus 53 años.

Cuando Peter se fue, un camarero se acercó a Antonia con una carta en la mano. Ella estaba estupefacta. ¿Cómo podía haberle abierto el corazón a su compañero de clase sin apenas conocerlo? Dios mío, ¡qué vergüenza! ¿Ansiedad? ¡claro que sí! ¡Estaba ansiosa por salir corriendo o porque la tierra se abriese en ese mismo momento y se la tragara allí mismo! Entonces, oyó la voz profunda del camarero que le preguntaba qué quería tomar. Antonia, volvió inmediatamente en sí, miró al camarero a los ojos, «¡perdón!» le dijo, y se sintió extrañamente atraída por su mirada. Eran unos ojos negros y profundos, que brillaban como zafiros. «Le recomiendo el lenguado, es muy suave», le dijo. Ella bajó la mirada y tomó la carta que le ofrecía el camarero, pero entonces se fijó en su mano ¡era la mano!, ¡era la mano y llevaba el anillo! Se desmayó.

Cuando despertó, estaba en un hospital. Al caer se había golpeado la cabeza y tuvieron que darle dos **puntos de sutura**[14]. Miriam y Manuel estaban con ella, junto a la cama.

–Tranquila –le dijo Miriam–, ya estás bien, lo ha dicho el doctor.

–Pues yo me siento como si me hubiera pasado un tren por encima –dijo Antonia.

Pasó un par de horas en observación y después salió de allí con Manuel y Miriam.

–Hoy vienes a dormir a casa, ¿vale? –dijo Miriam.

– Vale, pero primero quiero ir a comisaría, quiero denunciar el robo.

Manuel acompañó a Antonia a la comisaría y le ayudó en todo lo que pudo con su español. Al día siguiente, la recogió de casa de Miriam y la acompañó a su apartamento para cambiar la cerradura. Pasaron el día juntos y una particular relación se estableció entre los dos.

–Qué extraño, ¿no? Hace meses que nos conocemos, pero realmente nunca te había visto –dijo Antonia.

–Pues para mí, no es extraño. El primer día que te vi pensé que te conocía de siempre –contestó él– y pensé que era solo cuestión de tiempo.

El lunes siguiente, toda la escuela estaba enterada del incidente del robo, del desmayo, del hospital, del **idilio**[15] entre An-

[14] **Punto de sutura:** puntada que se da pasando la aguja para cerrar una herida.
[15] **Idilio:** relación amorosa.

tonia y Manuel, pero nadie sabía lo de la mano. Peter, fue muy discreto y no comentó nada al respecto. Aconsejó a Antonia que fuese a un especialista porque pensaba que unos calmantes le vendrían bien.

Manuel volvía a dirigir la clase de prensa y conectó el proyector. La noticia del día hablaba del *Loco del Gótico*, un ladrón al que la policía ponía en libertad cada vez que lo detenía porque los **hurtos**[16] que cometía nunca eran de gran valor. El ladrón trabajaba en un restaurante de camarero, pero se ganaba un sobresueldo dando tirones de bolso. Sin embargo, al ser detenido la noche anterior en su casa se había encontrado en ella algo inesperado, un autorretrato auténtico de Van Gogh en el que le faltaba la oreja y un frasco de **formol**[17] con una oreja dentro. La noticia había saltado a la prensa inmediatamente por lo extraño y macabro del caso. Al parecer, una denunciante había reconocido el anillo de su mano y eso había llevado a la policía hasta él.

[16] **Hurto:** robo.

[17] **Formol:** líquido que se usa para conservar en él seres orgánicos muertos para evitar la descomposición.

DESPUÉS DE LA LECTURA

1. **Di si las siguientes afirmaciones son verdaderas (V) o falsas (F) según la historia. Justifica tu respuesta.**

	V	F
a. Antonia se muda a Barcelona para aprender español.	☐	☐
b. Cuando Antonia ve la mano en el metro, se apresura a contárselo a sus compañeros de clase.	☐	☐
c. Manuel encontró una noticia del pintor Van Gogh para su clase de pintura.	☐	☐
d. La situación económica de la escuela estaba bastante mal por la crisis.	☐	☐
e. En la salida sorpresa, visitaron las ruinas de la muralla en el Barcino gótico.	☐	☐
f. Antonia tenía todo en su bolso. Pasaporte, móvil, tarjetas de crédito, fotos...	☐	☐
g. Antonia vio que la mano que le arrancó el bolso tenía un anillo negro.	☐	☐
h. Antonia le contó a Manuel cómo le estaba afectando su separación.	☐	☐
i. Peter recibió una llamada urgente y tuvo que marcharse.	☐	☐
j. Antonia se dio cuenta de que uno de sus compañeros era el dueño de la mano fea.	☐	☐
k. El ladrón era camarero, pero se ganaba un dinero extra con los hurtos.	☐	☐

2. **Sustituye las palabras en negrita de los siguientes fragmentos del relato por los adjetivos del recuadro para decir lo contrario.**

serena • atenta • desinteresada • tranquila • indiferente

a. **Absorta** en sus pensamientos.

b. Hizo las gestiones oportunas, pero cuando colgó seguía muy **alterada**.

c. Ella estaba **estupefacta**. ¿Cómo podía haberle abierto el corazón a su compañero de clase sin apenas conocerlo? Dios mío, ¡qué vergüenza!

d. ¿Ansiedad? ¡claro que sí! ¡Estaba **ansiosa** por salir corriendo o porque la tierra se abriese en ese mismo momento y se la tragara allí mismo!

e. Buscó la mirada de Antonia, pero la vio hablando **embelesada** con Peter. Ella caminaba junto al estudiante alemán, explicándole detalles de cuanto veían.

3. Lee estos fragmentos del texto en los que se describen una comparación irreal y observa su estructura. ¿Qué tiempos verbales usamos en este tipo de estructuras?

–[...] Pero, a medida que se entusiasmaba movía todo el cuerpo ***como si una corriente eléctrica estuviese*** jugando con él [...]

–[...] Pues yo me siento ***como si me hubiera pasado*** un tren por encima [...]

4. Para practicar la estructura anterior, completa las siguientes frases.

a. *Estaba absorta en sus pensamientos como si su mente* ....

b. *Cuando colgó seguía muy alterada como si su cuerpo* ....

c. *Se quedó estupefacta como si* ....

d. *Estaba ansiosa como si* ....

5. ¿Conoces Barcelona? En grupos, elabora una lista de algunos lugares de interés turístico de la ruta de Gaudí que aparece en la historia.

6. ¿Qué te ha parecido la historia? ¿Qué te ha gustado más y qué te ha gustado menos? Coméntalo con tu compañero e indica qué cambiarías y cómo lo harías.

7. ¿Has escuchado alguna vez al grupo *La oreja de Van Gogh*? Visita la página oficial del grupo musical *www.laorejadevangogh.com* y su canal oficial en *YouTube* y escucha alguna canción. Después, con tu compañero, comenta si te ha gustado o no.

Claves

ANTES DE LA LECTURA

1. Vicent Van Gogh (1853-1890). Pintor holandés. Hacia 1880 descubrió en la pintura su auténtica vocación y estudió con diversos pintores. Su pintura se volvió definitivamente colorista y su visión, menos tradicional, dando forma a su personal visión del posimpresionismo. La primera crisis mental, en la que se cortó parte de la oreja izquierda, tuvo lugar en 1888. Al año siguiente, pidió ser ingresado en un hospital psiquiátrico. La pérdida de contacto con la realidad y una progresiva sensación de tristeza son las claves de este período. Sumido en esta situación de angustia, en 1890 Van Gogh se disparó en el pecho y murió unos días más tarde.

2. **a.** 2; **b.** 1; **c.** 4; d. **3.**

DURANTE LA LECTURA

1. **a.** En una escuela de idiomas; **b.** Una mano de un hombre que le impactó; **c.** Una noticia sobre Van Gogh; **d.** En una salida cultural; **e.** Visitaron la ciudad romana en el Barrio Gótico; **f.** Había una manifestación y le robaron el bolso a Antonia.

2. El recorrido es: Plaza San Jaime, Plaza del Rey, Plaza San Jaime, Ayuntamiento, calle Ferrán y calle Avinyó.

DESPUÉS DE LA LECTURA

1. **a.** V; **b.** F (No se atrevió a comentar nada de lo sucedido); **c.** F (Era para la clase de prensa); **d.** F (Se menciona la situación del país a través de las noticias del periódico); **e.** F (Vistaron el Barcino romano que está en el Barrio Gótico); **f.** V; **g.** V; **h.** F (Se lo contó a Peter); **i.** V; **j.** F (Era el camarero de un bar); **k.** V.

2. **a.** atenta; **b.** tranquila/serena; **c.** indiferente; **d.** tranquila/serena; **e.** desinteresada.

VII

Breve historia de un hombre que hablaba lenguas

Horacio Vázquez-Rial*

B1 B2

21

(Buenos Aires, 1947). Narrador e historiador. Es autor de más de treinta libros, entre novelas (Frontera sur, El soldado de porcelana, La pérdida de la razón, Las leyes del pasado, Revolución *o* El camino del norte) *y ensayos* (La izquierda reaccionaria, Hombres solos *o* Perón, tal vez la historia). *Ha escrito también cuentos y guiones cinematográficos.*

ANTES DE LA LECTURA

1. Responde a este cuestionario sobre aprendizaje de lenguas y entrevista a tus compañeros. ¿Quién puede hablar más lenguas en la clase?

		Yo	Compañero 1	Compañero 2
1.				
2.				
3.				
4.				

2. ¿Sabes qué significa la palabra *políglota*? Búscala en el diccionario o pregunta a tu profesor/a. ¿Conoces a alguien que hable muchas lenguas?

3. Con tu compañero, escribe algunas ventajas de saber muchas lenguas. ¿Crees que hay algún inconveniente?

4. Por el propio título del relato, podrás adivinar de lo que trata la obra. Antes de leer *Breve historia de un hombre que hablaba lenguas*, haz una hipótesis sobre el tema. ¿Puedes escribir una sinopsis del relato?

Marcial Saavedra era un niño extraño. En cierto sentido, un **prodigio**[1]. Aprendió a leer muy temprano, sin que nadie le enseñara. De tanto en tanto, señalaba un signo en un libro o en un periódico y preguntaba qué letra era esa. Alguien, distraído y sin especial interés en su aprendizaje, se lo decía. El padre o el tío o el abuelo.

Tenía tres años cuando descubrió que el orden de las letras era el alma de las palabras; entonces, leyó. Otros **hubiesen hecho alarde de**[2] su triunfo, pero Marcial lo mantuvo en secreto durante mucho tiempo. En secreto absoluto, cerca de un año, porque la madre, Sofía, se dio cuenta un día de que su hijo no se limitaba a mirar las páginas en busca de ilustraciones, como casi todos a esa edad, sino que se pasaba las horas descifrando, con notable **celeridad**[3], por cierto, los textos.

–No se lo digas a nadie –pidió entonces Marcial, serio.

Sofía aceptó su demanda. Era consciente de que aquello, que a ella le proporcionaba una alegría inmensa, no iba a ser debidamente estimado por su marido ni por ninguno de los demás miembros de la familia. Era una maravilla, pero estaba bien que no se supiera que su hijo tenía un **don**[4], menudo por entonces, pero que anunciaba cosas grandes.

A los seis años, fingió haber aprendido a leer en la escuela, como era debido. A partir de ese momento, a nadie le sorprendió que se entretuviera con los pocos libros que había en la casa,

---

[1] **Prodigio:** persona que posee una extraordinaria cualidad en algo.

[2] **Hacer alarde de:** presumir de algo.

[3] **Celeridad:** velocidad, rapidez.

[4] **Don:** habilidad para hacer algo.

especialmente una Biblia que había sido del abuelo y que había permanecido muchos años juntando polvo. Pidió ir a catequesis un poco antes de lo que lo hacían sus compañeros, cosa que encantó a los padres salesianos, a cuyo colegio asistía. No tenía demasiado interés en tomar la comunión antes de lo prescripto, pero quería escuchar de viva voz el relato de la historia sagrada. Constató que había ciertas **incongruencias**[5] entre lo que el cura contaba a los muchachos y el relato de la Escritura.

En aquella época, los años cincuenta, la misa era en latín. Marcial empezó a poner atención en el discurso y a retener las palabras que el sacerdote repetía con cierto **desgano**[6] y poca fe. Había que descifrarlo, más que escucharlo, porque esa pereza **litúrgica**[7] que, como comprendería más tarde, solía invadir a casi todos los curas, los llevaba a masticar algunos términos y apurar otros.

Quiso la casualidad que un estudiante de bachillerato olvidara un día una gramática latina debajo de un pupitre. Aunque las aulas estaban separadas, Marcial solía pasearse por el edificio con notable libertad. Tuvo la fortuna de encontrar el libro y se quedó con él. Tal como había aprendido a leer castellano, por sus propios medios, descifró las claves del latín y retuvo todos los términos que descansaban en una suerte de glosario al final de la obra.

–Mamá –pidió un día–, quiero un diccionario de latín.

–¿Así? –se sorprendió Sofía–. ¿Vas a leerlo? ¿Sin tener un maestro?

–Sí, así. Yo puedo leerlo. Y si puedo leer el latín, podré leer muchas otras lenguas. Dice el padre Iranzo que el latín es la madre de todas. Y no se lo digas a nadie.

También esta vez, Sofía se reservó la novedad. Y Marcial tuvo éxito.

---

[5] **Incongruencia:** que no tiene sentido ni lógica.

[6] **Desgano:** falta de ganas.

[7] **Litúrgico, a:** propio de rituales o ceremonias religiosas.

En el bachillerato se dedicó al griego clásico. Era un alumno brillante en todo, así que a nadie sorprendió que también destacara en ello.

Al comienzo de la adolescencia de Marcial, murió el abuelo. En el **responso**[8], el chico encontró fallos de memoria y abreviaturas hijas de la prisa, pero no lo comentó. A nadie le importa, pensó, nadie sabe que está mal.

Terminó pronto el colegio. Tras una serie de **arduas**[9] discusiones, porque el padre consideraba inútiles, por poco rentables, estudios de esa clase, Marcial se apuntó en la Facultad de Filosofía y Letras. Sofía sabía que era lo suyo y que, aunque no sirviera para nada, al menos se sentiría feliz. Y, por primera vez en su vida, leería sin esconderse. La experiencia le confirmaba lo que había percibido de una manera **difusa**[10] desde hacía años: que la lectura por sí misma no era muy apreciada. Durante los cursos, estudió inglés y alemán.

Cuando presentó su tesis doctoral, sobre algunos aspectos de la prosa de Tucídides, ya dominaba esos idiomas y también el italiano. Lo que equivale a decir que leía, hablaba y escribía una buena parte de las lenguas europeas. En ese tiempo, ejercía como profesor en un instituto de Madrid. Tenía un salario y ninguna prisa por vivir solo, de modo que empezó a viajar. Primero a Grecia, donde debía salvar las distancias entre el griego clásico y el moderno, cosa que consiguió en un período muy breve.

Sofía estaba convencida de que su hijo era un genio, y probablemente tuviese razón, si el dominio de lenguas, que es un regalo de los dioses, fuese una prueba de excepcional inteligencia o de un singular talento creador. No se le pueden decir cosas así a una madre, pero de lo único que Marcial había dado pruebas a sus veinticinco años, con el dominio de siete lenguas y la adqui-

[8] **Responso:** discurso dicho a un difunto.
[9] **Arduo, a:** muy difícil.
[10] **Difuso, a:** no preciso.

sición en marcha de otras dos, el ruso y el sueco, era de poseer un extraordinario poder de acumulación en una de las ramas del conocimiento.

Era inevitable que un hombre así se incorporara a la historia por la vía de la Comunidad Europea, donde empezó a trabajar cuando ya había pasado de los treinta y su padre descansaba en el cementerio de la Almudena, cerca de la tumba del abuelo. Para Sofía, el hecho de que su hijo se fuera a vivir a Bruselas fue un verdadero drama, solo compensado por un **desmedido**[11] orgullo.

Marcial pasaba su vida de conferencia en conferencia, traduciendo de todas las lenguas a todas las lenguas, incluidas la catalana, la gallega y la vasca, que aprendió por un **prurito**[12] de orgullo nacional que terminó por ser santa previsión. Lejos de su madre y con todo lo que había reunido en la cabeza, encontró una novia: alemana, de madre polaca, intérprete como él. Sumó así el polaco a sus bienes intelectuales.

Cuando Erika quedó embarazada, Sofía escribió a su hijo una larga carta en la que le recomendaba, entre otras cosas, que en la casa hablaran una única lengua. Si bien el niño o la niña, procedería de dos personas especialmente inclinadas a la variedad filológica, reflexionaba la señora, de algo sólido había que partir para construir todo lo demás. Le recordaba a Marcial que había habido una época en la que él solo hablaba castellano, y que toda su historia era una historia de traducciones. Ella había visto que solo se podía incorporar un idioma nuevo si se disponía de otro al cual traducirlo.

Le hicieron caso y, por razones de **índole**[13] práctica y en beneficio de la criatura, que finalmente fue hembra y se llamó Ewa, escogieron el inglés; aunque esa decisión llegó al cabo de

[11] **Desmedido, a:** desproporcionado.

[12] **Prurito:** deseo excesivo de hacer algo muy bien.

[13] **Índole:** naturaleza.

un largo debate porque Marcial, quien, pese a todas sus virtudes, no era persona a la que se pudiera calificar de **pragmática**[14], había votado en primera instancia por el latín, cosa que hubiese condenado a la niña a graves problemas de socialización.

En aquel entonces, Marcial era un hombre feliz, que amaba a su mujer, amaba a su hija y amaba su trabajo. Disfrutaba enormemente de cada diálogo sostenido con sus compañeros en casi incontables idiomas. Él lo entendía todo. Cuando los turcos empezaron a negociar su ingreso en la Comunidad, se hizo con el turco de modo casi milagroso; y pronto descubrió que había mucho que decirse con los chinos, de modo que se lanzó por esa senda sin miedo, respaldado por su amplia experiencia y su comprobada facilidad.

Marcial hablaba con todo el mundo, incluidos flamencos y valones, con cada uno en su lengua, porque le fascinaba entender y que le entendieran. Su Babel interior no tenía límites. Mandó imprimir unas tarjetas grandes en las que, además de su nombre y sus señas, se leía la palabra «**políglota**[15]» en docena y media de idiomas. Eso era él: un políglota. Esa era la esencia de su oficio y de su existencia misma.

Hasta que murió Sofía. Marcial alcanzó a verla en su lecho de muerte. Hablaron en castellano, desde luego. Un diálogo breve sobre **nimiedades**[16], cuya última frase quedó **trunca**[17]. O no, quién sabe.

–Hijo, no te confundas… –advirtió la madre al hijo.

En esa ocasión, Marcial no escuchó el responso, ni siquiera en busca de **vacilaciones**[18] o torpezas del sacerdote. Lo único que ocupaba sus meditaciones en el momento del entierro era la

---

[14] **Pragmático, a:** práctico.
[15] **Políglota:** persona que habla muchas lenguas.
[16] **Nimiedad:** insignificancia.
[17] **Trunco, a:** incompleto.
[18] **Vacilación:** indecisión.

ardua cuestión de en qué no debía confundirse. ¿No hablar ruso con un italiano? No, eso era demasiado elemental, su madre iría mucho más allá.

Seguía dándole vueltas al asunto cuando acompañó a Erika a Barajas y se despidió de ella: él tenía que quedarse en Madrid unos cuantos días para arreglar las cuestiones **sucesorias**[19], nada complicado para un hijo único que no recibía más que una casa y un **magro**[20] dinero.

Conoció a Lola en la notaría. Se cayeron bien desde el primer momento. Marcial, pese a su escuela y sus latines, no tenía un preciso sentido del pecado; y, pese a su obsesión infantil con la historia sagrada, en la que Judas era mencionado a menudo, tampoco comprendía muy bien lo de la traición, aunque supiera decir la palabra traición en más de una docena de lenguas. Lo que no significaba que pudiera eludir ninguna de las dos cosas, ni el pecado ni la traición.

Terminaron por ser amantes. Él hizo para Lola, que solo hablaba su propia lengua materna, una lista de la palabra amantes en no sé cuántos idiomas, aunque excluyó ponerla en caracteres **cirílicos**[21] y griegos, y prefirió saltarse el chino: no era un romántico, e ignoraba que precisamente eso era lo que más le hubiera gustado a ella. Hicieron el amor en castellano y no se puede dejar de anotar aquí que las cosas más bonitas las dijo Lola, tan bonitas que Marcial renunció a traducirlas a lo que fuera que pudiera tener en la cabeza.

Fue, desde luego, un amor breve. O eso creía Marcial cuando se marchó, de regreso a su universo multilingüe.

En Bruselas, fue del aeropuerto al despacho y, como siempre, se entendió a las mil maravillas con todo el mundo. Un negociador ruso lo invitó a comer y bebió unos cuantos vodkas con

---

[19] **Sucesorio, a:** que es heredero de los bienes de un difunto.

[20] **Magro, a:** con poca grasa. En este contexto, poco.

[21] **Cirílico, a:** que está relacionado con el alfabeto usado en ruso y otras lenguas.

él, de modo que, al llegar a casa estaba alegre y completamente dispuesto a disfrutar de Ewa y, sobre todo, de Erika. La niña lo recibió en el pobre inglés que le permitía su cortísima edad. La mujer lo recibió en polaco. Marcial agradeció la acogida porque había percibido todo el sentimiento que había en ella, pero en ese momento descubrió, con terror, que no las había entendido. Respondió en castellano sin gran sorpresa de Erika. A Ewa no le pareció ni mal ni bien: lo que le importaba era el abrazo de papá, que casi siempre hablaba raro.

Casi no habló durante la cena: escuchó sin éxito lo que su esposa le decía. Estaba sordo al polaco. Intentó **esbozar**[22] algunas respuestas en un inglés que superaba en poco el de su hija. Y, por la noche, en la cama, solo supo hacer el amor a su mujer en español. Ella pensó que era una consecuencia del viaje, de la inmersión en su idioma nativo durante varios días, una suerte de imposibilidad de arrancarse al primer sistema de signos que había adquirido en la vida. Podía responderle sin inconvenientes: también traducía castellano. No le importó. Se sintió más deseada que nunca. Los verdaderos problemas no empezarían hasta el día siguiente. Más exactamente, la noche siguiente.

Marcial hizo su vida de todos los días, mediando entre gentes de países diversos, sin graves inconvenientes. Aquel día en concreto, tuvo que seguir atendiendo al negociador ruso y acompañarlo a un encuentro con diputados alemanes. Después de mediodía, llamó por teléfono a Erika y le propuso cenar en un restaurante español, cosa que ella no aceptó: al otro día, muy temprano, tenía que intervenir como intérprete en una reunión en la que participarían ingleses, polacos y alemanes. Necesitaba acostarse temprano. Cuando colgó, Marcial se dio cuenta de que toda la conversación había sido en castellano.

---

[22] **Esbozar:** indicar un tema con alguna vaguedad.

A la salida, se cruzó con un colega alemán y habló con él como siempre, en el idioma del otro. Por la noche, comprendió cuál era su situación, por demás extraña: fuera de casa, podía conversar en casi cualquier lengua, pero en casa no entendía lo que se le decía si no era en castellano. Intentó disimularlo con poco éxito. Erika, en presencia de la niña, insistió en hablar inglés toda la noche.

Cuando Ewa se durmió, Marcial le propuso a su mujer que bajara un momento a la calle con él, solo hasta el portal del edificio, un par de minutos. Allí, le pidió que repitiera en inglés lo que había dicho en la mesa y que él no había logrado comprender. Erika lo repitió. En vano. Tampoco ahora comprendía. No era la casa, pues, la culpable de su mal: era la mujer, la niña, su vida personal: en ese espacio, no entendía nada que no fuera español. Erika dictaminó que había que ver a un médico. Con urgencia. Un psiquiatra.

DURANTE LA LECTURA

1. **Contesta a estas preguntas relacionadas con la historia de Marcial. Después compara tus respuestas con un compañero.**

   a. ¿Qué secreto guardaban Marcial y su madre cuando este tenía tres años?

   b. ¿Qué decidió estudiar Marcial cuando llegó a la Universidad?

   c. ¿Cuántas lenguas podía hablar Marcial a la edad de 25 años?

   d. ¿Dónde comenzó a trabajar Marcial pasados sus 30 años?

   e. ¿En qué consistía su trabajo?

2. **¿Cuántos personajes tienen nombre en esta historia? Con tu compañero, haz una lista de los nombres de los personajes que aparecen en la historia y escribe un breve resumen de la relación que existe entre ellos.**

3. **La madre de Marcial, antes de morir, le dice a su hijo una frase. ¿Qué crees que quiso decir la madre? Intenta terminar la última frase que pronunció su madre antes de morir.**

   – Hijo, no te confundas...

4. **¿Recuerdas este fragmento de la historia? ¿Conoces la historia de la Torre de Babel? Si la conoces, compártela con tus compañeros. Si no, realiza una búsqueda en Internet y expón tus descubrimientos en clase.**

   [...] le fascinaba entender y que le entendieran. Su Babel interior no tenía límites. [...]

5. **Vuelve a la sinopsis que escribiste en la actividad 4 de la página 122. ¿En qué coincides con esta historia?**

6. **¿Qué crees que le va a pasa a Marcial en la siguiente parte de la historia?**

Erika se fue a dormir. Marcial se quedó en el salón, con una copa de vino y sus pensamientos. Cogió papel y un bolígrafo y escribió la palabra amantes en todos los idiomas que conocía, incluyendo esta vez el ruso, el griego, el árabe y el chino. Por la mañana, Erika encontró la hoja sobre la mesa e intentó leerla mientras él estaba en la ducha. Fracasó. Tampoco ella entendía lo que él escribía, pese a que se trataba de lenguas que, en su mayoría, dominaba al igual que Marcial.

–¿Qué lista es esta? –le preguntó cuando salió del baño–. ¿En qué idiomas está escrita? Porque veo que hay varios, pero no entiendo una palabra.

–No te preocupes. Son cosas que estoy tratando de aprender: **urdu**[23], **parsi**[24]… no sé.

Erika lo llamó a mediodía y le dio la dirección de un médico que podía recibirlo esa misma tarde. Se la notaba preocupada.

El médico era un belga **pletórico**[25] y sonriente que le señaló una silla y se sentó delante de él. Le preguntó qué le pasaba.

–Ya no entiendo –dijo Marcial–. Nada. Quiero irme a España.

–Yo también –le respondió el doctor–. Quiero irme a España y no entiendo nada. Ya somos dos.

–¿Usted habla muchos idiomas?

–Algunos, ya sabe, un belga está obligado, **valón**[26], francés, alemán… si no, no se sobrevive.

–Yo hablo muchos más. Y mi mujer también. Pero no la comprendo en ninguno. Y ella tampoco a mí.

---

[23] **Urdu:** lengua indoeuropea oficial del Pakistán, variante del hindi.

[24] **Parsi:** lengua de la antigua Persia.

[25] **Pletórico, a:** que tiene abundancia de algo.

[26] **Valón:** dialecto antiguo del francés, hablado por los belgas francófonos.

–Pida el divorcio. Desde España. Cuanto antes.

–No sé por qué.

–Porque lo necesita. Desesperadamente. Todas esas lenguas... usted está confundido. Mire, el habla, la escritura, la lengua, son laberintos... Uno vive traduciendo hasta cuando habla o escucha su idioma de origen, porque las palabras no significan lo mismo para todos. ¿Usted cree que es lo mismo decir amor que decir amor? Depende de quién lo diga. ¿Amour, amore? Peor, más diferencias. Los diccionarios son una **engañifa**[27]. Confunden a la gente. Usted está confundido.

–Lo último que me dijo mi madre antes de morir, hace unos días, fue que no me confundiera.

–Sabias, las madres. Algo debe de haber visto la mujer, ¿no? Huya, si no, va a ir a peor y dentro de un tiempo lo veré encerrado en una clínica diciendo idioteces en árabe iraquí y en griego clásico, todo mezclado. No basta con acumular para entender.

–¿Por qué estudió psiquiatría?

–Porque me preguntaba qué sería la felicidad.

–¿Ya lo sabe?

–Sé que solo los **imbéciles**[28] son felices, a veces. ¿Y usted? ¿Lo sabe? Yo siempre pregunto, por si aparece alguien que haya alcanzado la respuesta.

–No. No lo sé. He hecho una vida de orden y acumulación. Y de pronto muere mi madre, aparece otra mujer, fugazmente, y de pronto no entiendo ni me entienden.

–Váyase. Ahora. En busca del orden. Lo que no es orden es locura, eso sí que lo sé.

Al salir de la consulta, Marcial fue directamente al aeropuerto.

Desde la casa de su madre, que ahora era suya, llamó a Lola y le dijo la palabra *amantes* en árabe y en chino. Ella rió. En castellano.

---

[27] **Engañifa:** engaño con apariencia de útil.

[28] **Imbécil:** tonto, lelo.

DESPUÉS DE LA LECTURA

1. Di si las siguientes afirmaciones son verdaderas (V) o falsas (F) según el relato.

	V	F
a. La madre de Marcial no quería que nadie supiera que su hijo era especial.	☐	☐
b. Marcial aprendió a leer en la escuela.	☐	☐
c. La primera nueva lengua que aprendió Marcial fue el latín.	☐	☐
d. El padre de Marcial murió cuando él era muy pequeño.	☐	☐
e. La madre de Marcial le dejó en herencia dinero y su casa.	☐	☐
f. Lola solo hablaba su propia lengua que era el castellano.	☐	☐
g. Ewa habla con su madre en polaco y con su padre en castellano.	☐	☐
h. Cuando Marcial no comprendía a Erika, esta tampoco le comprendía a él.	☐	☐
i. El psiquiatra es suizo.	☐	☐
j. El psiquiatra le aconsejó a Marcial que se fuera de vacaciones a España.	☐	☐

2. Sustituye las palabras en negrita en los siguientes fragmentos del relato por las que aparecen en el recuadro. Adáptalas cuando sea necesario.

compañero • colegio • simular • trabajar • amontonar • muchas • encontrarse • conocimiento • idiomas • español

a. A los seis años, **fingió** haber aprendido a leer en la **escuela**, como era debido.

b. Lo que equivale a decir que leía, hablaba y escribía **una buena parte de** las lenguas europeas. En ese tiempo, **ejercía** como profesor en un instituto de Madrid.

c. No se le pueden decir cosas así a una madre, pero de lo único que Marcial había dado pruebas a sus veinticinco años, con el **dominio** de siete **lenguas** y la adquisición en marcha de otras dos, el ruso y el sueco, era de poseer un extraordinario poder de **acumulación** en una de las ramas del conocimiento.

d. A la salida, **se cruzó con** un **colega** alemán y habló con él como siempre, en el idioma del otro. Por la noche, comprendió cuál era su situación, por demás extraña: fuera de casa, podía conversar en casi cualquier lengua, pero en casa no entendía lo que se le decía si no era en **castellano**.

3. Haz una lista de todas las lenguas que termina hablando Marcial e investiga en Internet cuántas personas hablan cada una de esas lenguas.

4. Discute con tu compañero los siguientes aspectos de la historia:

a. Marcial y su mujer hablan muchas lenguas. De repente, un día ya no se comprendían en ninguna. ¿Por qué crees que pasó? ¿Crees que esto puede pasarle de verdad a una persona en la vida real? ¿En qué sentido?

b. En la página 133, en la conversación entre el psiquiatra y Marcial, dice lo siguiente:

[...] Uno vive traduciendo hasta cuando habla o escucha su idioma de origen, porque las palabras no significan lo mismo para todos. ¿Usted cree que es lo mismo decir amor que decir amor? Depende de quién lo diga [...] Los diccionarios son una engañifa. Confunden a la gente. [...]

¿Qué crees que quiere decir el psiquiatra con estas palabras? ¿Crees de verdad que los diccionarios dicen mentiras y confunden a la gente? Coméntalo con tus compañeros.

5. ¿Cómo crees que continúa la vida de Marcial? ¿Y la de Erika y su hija Ewa? Escribe una posible conversación entre Erika y Marcial, una vez este está en España y compártela con tus compañeros.

Claves

ANTES DE LA LECTURA

2. Persona que domina varias lenguas.

DURANTE LA LECTURA

1. **a.** Que no se limitaba a mirar las ilustraciones, sino que se pasaba las horas descrifrando los textos; **b.** Filosofía y Letras; **c.** Siete lenguas; **d.** En la Comunidad Europea; **e.** Era traductor.

2. Marcial, Sofía, el padre Iranzo, Erika, Ewa, Lola.

DESPUÉS DE LA LECTURA

1. **a.** V; **b.** F (Ya sabía leer antes de ir a la escuela); **c.** V; **d.** F (Tenía ya los 30 años); **e.** V; **f.** V; **g.** F (En inglés); **h.** V; **i.** F (Es belga); **j.** F (Para siempre).

2. **a.** fingió *(simular)*, escuela *(colegio)*; **b.** una buena parte de *(muchas)*, ejercía *(trabajar)*; **c.** dominio *(conocimiento)*, lenguas *(idiomas)*, acumulación *(amontonar)*; **d.** se cruzó con *(encontrarse)*, colega *(compañero)*, castellano *(español)*.

VIII

Espejos de agosto

Gervasio Posadas*

B1 B2

22

* *(Montevideo, Uruguay, 1962). En 2007 debuta en el mundo de las letras con* El secreto del Gazpacho, *editada por Siruela, que llegó a figurar en la lista de los libros más vendidos y ha sido traducida a otros idiomas. En 2008 publica* Hoy caviar, mañana sardinas *junto a su hermana Carmen Posadas, y es galardonado con el premio* Sent Sovi *de literatura gastronómica. En 2009 publica* La venganza es dulce y además no engorda *en Espasa y colabora con Emilio Aragón en la versión novelada de* Pájaros de Papel.

ANTES DE LA LECTURA

1. **Con tu compañero, responde las siguientes preguntas.**

a. ¿Qué tiempo hace en tu país durante el mes de agosto?

b. ¿Sabes qué tiempo hace en España en agosto?

c. ¿Y en Madrid concretamente?

d. ¿Cuánta ha sido la temperatura máxima a la que recuerdas haber estado? ¿Dónde? ¿Cuándo?

2. **La historia *Espejos de agosto* sucede en la ciudad de Madrid. ¿Qué lugares conoces de Madrid? Escoge uno de los siguientes lugares de interés turístico en Madrid y busca información en Internet. Después escribe una descripción del lugar y léela a tu compañero, que tendrá que adivinar a cuál te refieres.**

Puerta del Sol • Plaza Mayor • Puerta de Alcalá • Palacio de Oriente • Cibeles

3. **Por el título del relato y su imagen, haz una hipótesis sobre el tema. ¿Puedes escribir una pequeña sinopsis del texto?**

Eran las diez de noche y todavía debía hacer casi cuarenta grados. A John ya le habían dicho que hacía mucho calor en agosto, pero no esperaba tanto.

–¿Es la primera vez que vienes a Madrid? –le había preguntado su compañero de asiento en el vuelo que le había traído esa mañana de Manchester–. Pues prepárate. Además, dicen que viene una ola de aire del Sahara y que va a durar un par días. –Aquel hombre de negocios español le sonrió con algo de malicia–. ¿No hubiese sido mejor que te fueras a la playa como todos los guiris?

Sin embargo, a John no le atraía nada en aquellos momentos pelearse por un metro cuadrado de arena con otros turistas. Tampoco sabía muy bien qué hacía allí. Originalmente iba a hacer aquel viaje con Diana, su novia. La idea era pasar un día en Madrid y luego irse a un *resort* en Mallorca, pero la tarde antes de coger el avión, Diana le había citado en un *pub* cercano a su casa.

–Me parece que es mejor que te vayas solo –le dijo entre lágrimas–. Estoy muy confusa. No sé si estoy enamorada de Andrew.

–¿Andrew? ¿Quién demonios es Andrew? –John sentía que le estaba empezando a hervir el cerebro.

–El dueño del gimnasio al que voy habitualmente. –John recordó un tipo grande como un armario, con músculos hasta en las orejas. Y pensar que había sido idea suya que Diana hiciera un poco de ejercicio–. Necesito unos días para pensar. Pásalo bien, seguro que a tu vuelta tendremos las cosas más claras.

La noticia le dejó tan descolocado que fue incapaz de gritar, de insultar, de negarse a todo. Cuando se quiso dar cuenta ya estaba en el avión rumbo a una ciudad desconocida que nunca había tenido mucho interés en visitar.

El aire caliente le golpeó como un martillo cuando salió del edificio del aeropuerto. Se subió a un taxi y le dio al conductor la dirección del hotel que tenía reservado.

– ¿*Mister* Stevens? Una habitación para dos, ¿verdad? –John asintió. Aunque llevaba años aprendiendo español y se defendía bastante bien en ese idioma, no tenía ganas de explicarle nada a aquel conserje calvo y con bigote–. Me recuerda usted a alguien. ¿Ha estado anteriormente en nuestro hotel o... es usted alguien famoso. –John negó cansado con la cabeza. Otra vez lo mismo. Fuera donde fuera le perseguía la misma historia–. ¿No trae usted equipaje? –le preguntó el tipo algo extrañado. La verdad era que John, con el lío que traía en la cabeza, ni siquiera se había dado cuenta que se había dejado la maleta en casa–. ¿Le ha perdido el equipaje la compañía aérea? –El conserje le miró con cara de pena. Se daba cuenta de que su huésped no estaba en uno de sus mejores días–. No se preocupe, estamos en la Gran Vía. Esta zona está llena de tiendas. Ande, váyase a comprar algo mientras le arreglamos la habitación.

John obedeció como un **autómata**[1] y salió a la calle. El calor era insoportable. Tenía que encontrar pronto algún sitio con aire acondicionado o se iba a desmayar. No había cenado la noche anterior ni había desayunado esa mañana. Entró en la tienda que estaba más cerca. El Corte Inglés. Se compró calzoncillos, un par de camisetas y unas cuantas cosas que claramente no iba a necesitar para nada, como unos gruesos calcetines de lana y un impermeable para la lluvia. Se sentía muy débil, tenía que comer algo. Salió de la tienda, entró en un McDonald's y pidió unas hamburguesas para llevar.

–¿Quién me iba a decir ayer que hoy, el día que empiezan mis vacaciones, iba a estar solo en un hotel en Madrid comiendo esta mierda? –pensó mientras se tumbaba en la cama. Le dio un

[1] **Autómata:** persona que actúa de forma mecánica y sin pensar.

par de bocados a su *quarter pounder* con queso y la apartó. Era incapaz de tragar. Cogió el mando a distancia de la televisión y empezó a zapear. Solo había programas del corazón españoles en los que hablaban de famosos que él desconocía. Intentó concentrarse en la historia de una mujer que decía que había tenido sexo con un torero y su padre la misma noche pero no tenía humor para aquello. Volvió a cambiar de canal y se sobresaltó. Allí estaba aquel **mamarracho**[2] haciendo las mismas tonterías de siempre. ¿Es que no había forma de escapar de él aunque estuviera a tres mil kilómetros de distancia? Las palabras de su conversación con Diana se repetían una y otra vez en su cabeza:

–Pero, ¿por qué? –le había preguntado dos docenas de veces–. Creo que te pareces demasiado a… Bueno, tú ya sabes… y me **da grima**[3], no puedo evitarlo.

–Pero eso ya lo sabías cuando me conociste.

–Pero es que cada vez estás más y más parecido… Ya hasta me parece que hablas como él.

–Pero si él casi no habla.

–Da igual.

Si seguía allí tumbado dándole vueltas a todo aquello, se iba a volver loco. Así que se vistió y se dispuso a enfrentarse a la ola de calor del desierto.

Bajo aquel sol sin piedad. Las calles de Madrid estaban casi vacías, solo algunos japoneses armados con sus cámaras fotográficas **desafiaban**[4] al termómetro. Sentía como el asfalto se le pegaba a la goma de las zapatillas. Nunca le había gustado mucho el turismo, ver monumentos y ese tipo de cosas, pero no podía estar quieto, no podía pensar. Todo le parecía irreal, como si estuviera viendo los decorados de una gigantesca superproducción.

---

[2] **Mamarracho:** persona que no merece respeto.

[3] **Dar grima:** dar sensación desagradable.

[4] **Desafiar:** afrontar un reto.

Vagó y vagó sin rumbo durante horas. Casi sin darse cuenta, el sol empezó a caer y la noche empezó a abrazar la ciudad. En un reloj sonaron diez campanadas. Por primera vez, se sintió realmente cansado. Y seguía haciendo calor, mucho calor. ¿Qué podía hacer ahora? Pensó en pasar por el hotel para darse una ducha y meterse en la cama, pero la idea de volver solo a aquella habitación le daba **escalofríos**[5]. Además, estaba completamente perdido y se moría de sed. Por lo estrechas que eran las calles, debía de estar en el centro histórico de la ciudad. Todo estaba desierto, no se veía ningún local abierto y solo un par de gatos le miraban con curiosidad. Al pasar por un callejón vio un letrero de metal. «Mesón». Justo lo que necesitaba.

El local estaba casi a oscuras, solo alumbrado por algunos candiles. Debía de ser un sitio para turistas, porque toda la decoración imitaba el aspecto de una taberna rústica de hacía doscientos años. Incluso el camarero parecía llevar allí desde entonces, con sus grandes **patillas**[6] que le llegaban casi hasta el cuello.

–Cerveza, por favor –dijo John.

–Aquí solo tenemos vino –contestó el hombre muy serio.

–Si no tienen cerveza, una Coca-Cola.

El tabernero, sin darse por aludido, sacó una **frasca**[7] y le sirvió vino. John decidió no discutir y apuró el vaso. No se podía decir que aquello fuera un gran reserva, pero en ese momento se hubiese bebido cualquier cosa. Hizo una seña, el camarero rellenó el vaso y él volvió a tomárselo de un trago. Por primera vez en todo el día, se sintió un poco más tranquilo.

– Hola, guapo.

A John le había parecido que aquel **antro**[8] estaba vacío, pero

[5] **Escalofrío:** sensación repentina de frío producida por una emoción intensa, especialmente de terror.

[6] **Patilla:** porción de barba que se deja crecer debajo de las orejas.

[7] **Frasca:** recipiente de vidrio, con base cuadrangular y cuello bajo, que se usa para el vino.

[8] **Antro:** local o establecimiento de mal aspecto o reputación.

en un extremo de la barra, entre sombras, había una mujer. Se acercó lentamente. Llevaba un largo vestido blanco ceñido con una cinta rosa y una chaqueta corta, parecida a las de los toreros, de color naranja. Tenía el pelo recogido y algunos **bucles**[9] le caían sobre los hombros. Sus ojos castaños reflejaban la luz de las velas. A John le pareció la mujer más hermosa que había visto nunca.

–Hola señorita. –Siempre se ponía nervioso con las chicas guapas. Sin embargo, fue capaz de decir–: ¿le gustaría tomar un vino?

– Claro, salado. Paco, ponme un **chato**[10], que un día es un día. –Ella le sonrió con picardía y él se puso rojo como un cangrejo–. Tú no eres de por aquí, ¿verdad?

–Soy de Manchester. Ya sabes, de donde el equipo de fútbol.

–Uy, eso debe quedar muy lejos. ¿Te gusta Madrid?

–Bueno, he llegado hoy y todavía no he tenido oportunidad de ver mucho. Además, con este calor…

–¡**Jesús, María y José**[11]!, ¡qué hombres los de hoy en día! En cuanto pega un poco el sol os arrugáis todos como una pasa. Anda Paco, ponle a mi amigo otro vino, a ver si se anima. –John volvió a vaciar de un trago el vaso. No podía apartar la mirada de los ojos castaños de aquella mujer que le seguía hablando–. Madrid es la ciudad más bonita que hay, te lo digo yo. Lo tiene todo: su Puerta del Sol, la Plaza Mayor, la Puerta de Alcalá y el Palacio de Oriente, que es el más grande de Europa. Y sobre todo el Museo del Prado, que encierra el arte del mundo entero.

–¿Y no hay nada que no te guste de aquí? –Después de varios vasos de vino, John se sentía con el suficiente valor para hacer una pregunta más o menos ingeniosa.

–Me cae gorda la Cibeles esa. Siempre tan chulita, ahí subida en su carro con sus leones, como si fuera la reina de Saba. –John la miró desconcertado.

---

[9] **Bucle:** rizo de cabello en forma de espiral.

[10] **Chato:** en las tabernas, vaso bajo y ancho.

[11] **Jesús, María y José:** expresión que denota admiración, dolor, susto o lástima.

–¿Tienes una amiga que se pasea en un carro con leones? –Ella rió y su risa retumbó en las paredes de la taberna.

–Es una estatua. Pero las estatuas también tienen alma. ¿No lo sabías?

–¿Cómo te llamas? –preguntó él.

–Eres muy curioso –contestó ella.

Por un instante, John pensó que quizá estaba siendo demasiado directo, pero la sonrisa coqueta de la muchacha le animó.

–De alguna forma me tendré que dirigir a ti. Yo me llamo John Stevens –dijo alargando la mano de forma ceremoniosa.

Ella se la apartó con suavidad.

–Déjate de nombres. ¿Qué más da si me llamo María, Teresa, Cayetana o Pepita? Esas cosas se las lleva el viento.

– Es cierto –contestó John–. Lo importante son esos ojos tan misteriosos que tienes. –El vino ya estaba haciendo más efecto del debido, sino nunca se hubiese atrevido a decir algo así.

–Uy, tú vas muy rápido. –Otra vez esa sonrisa–. ¿Qué haces tú en Madrid? –A John no le gustaba hablar de sus cosas, ni siquiera con sus amigos y mucho menos con una desconocida en un bar, o lo que fuera ese sitio. Sin embargo, aquellos ojos desconectaban sus defensas y le empujaban a abrirse. Con toda naturalidad, como si la conociera de toda la vida, le contó a aquella mujer toda la historia de Diana, de Andrew y de sus otras desgracias con todo lujo de detalles.

–¡**Alma de cántaro**[12]! Con razón te veía yo mala cara. –Ella, que había estado escuchando en silencio, clavando en John esas brillantes luces de color castaño–. ¿Y a quién dice la buscona esa que te pareces?

–¿De verdad que no te recuerdo a nadie? –contestó él poniéndose de perfil, luego de frente, subiendo la barbilla y **frunciendo**[13] las cejas.

[12] **Alma de cántaro:** persona sumamente ingenua o pasmada.

[13] **Fruncir:** arrugar las cejas en señal de sorpresa, de enfado o de ira.

–Pues no. Así de repente no caigo.

–Todo el mundo dice que soy igual que Rowan Atkinson, ya sabes, Mr. Bean.

–No conozco a ese Bin, ¿es algún moro?

–No, es un actor cómico bastante ridículo. Debería resultarte familiar porque, por lo que he visto, también sale en la televisión española. Lo malo es que debo realmente de parecerme a ese tipo porque la gente me detiene por la calle para pedirme autógrafos. Incluso mi madre dice que **soy clavadito**[14]. Ser el doble de alguien puede parecer una anécdota, pero a mí me amarga la vida: la gente no me toma en serio en mi trabajo, mi jefe no me quiere ascender porque dice que «no soy adecuado» para visitar clientes, mis amigos pretenden que siempre haga algo gracioso y ahora me deja mi novia. Y no creas que es la primera mujer que lo hace por este motivo.

Ella suspiró y le acarició la cara con ternura. Su mano era suave y ligera y él sintió como se le erizaban todos los pelos de la nuca.

–¡Ay amor, no sabes lo bien que te entiendo! Yo he cargado siempre con el **sambenito**[15] de que la gente creyera que era otra, más importante, más rica, más famosa. En vez de interesarse por mí tal cual soy, siempre andan intentando encontrar en mí algo de esa otra mujer. Y si alguien se da cuenta de que no soy ella, se inventa que me parezco a otra, también conocida, con amigos poderosos. Nadie quiere entender que yo sea una simple muchacha, que sin habérmelo propuesto, ha llegado donde ha llegado.

–¿Quién eres? ¿A quién dicen que te pareces?

–Ya te he dicho que eso carece de importancia. Lo que la tiene es que nos hayamos encontrado así, en el espacio y el tiempo, dos seres tan distintos y tan iguales. –Ella se levantó y

---

[14] **Ser clavadito, a:** ser muy parecido.

[15] **Sambenito:** mala fama. Se usa con verbos como *poner*, *cargar*, *colgar*, etc.

le cogió de la mano–. Ven –dijo, y le condujo hacia unas estrechas escaleras.

El tabernero ni siquiera los miró cuando pasaron por delante de la barra. Mientras iban subiendo, John sentía un cosquilleo en el estómago. Aquel sitio tenía algo siniestro y no conocía de nada a aquella gente. Por un momento le pasó por la cabeza el titular de un periódico: «Turista aparece **descuartizado**[16] en un callejón». Sin embargo, aunque hubiera querido salir corriendo de allí no habría podido. Los ojos de aquella mujer eran como dos agujeros negros que le atraían hacia el vacío. Entraron en una pequeña habitación donde solo había una cama. Ella cerró la puerta.

John se levantó para lavarse la cara en un cubo de agua que había en una esquina. Aún le temblaban las piernas. Había sido increíble. Nunca había experimentado nada parecido. Era como si no se hubiese acostado antes con una mujer, como si lo hubiesen arrastrado a un torbellino de sensaciones, de emociones, de imágenes. Al mismo tiempo, nunca se había sentido más cerca de nadie. Había llorado, había gritado, había reído como si el mundo terminara en aquellas cuatro paredes, como si no hubiera nada fuera de aquella habitación.

Se quedó observándola fascinado. Ella dormía bocarriba apoyada en unos almohadones blancos. Su pelo alborotado tapaba parte de su cara sonrosada y caía en cascada sobre sus hombros. Tenía el cuerpo más bonito que había visto nunca. Sus pechos parecían completamente ajenos a la gravedad y sus muslos formaban una perfecta Y griega sobre un pubis casi imperceptible. Le hubiese gustado tocarla pero en ese momento le parecía casi un **sacrilegio**[17] descomponer aquella escena.

Ella abrió los ojos, puso los brazos detrás de la cabeza, le miró y sonrió levemente.

---

[16] **Descuartizado, a:** dividido en partes.

[17] **Sacrilegio:** daño o tratamiento irreverente hacia una cosa, persona o lugar sagrados.

John quería decirle todo lo que sentía, lo que le salía a borbotones del corazón, pero, por mucho que las buscara, no encontraba las palabras en español. Tampoco en su idioma.

–¿Quién eres? –le preguntó finalmente.

–Ya te he dicho que eso no tiene importancia –contestó ella sonriendo de nuevo–. Lo importante es que somos un hombre y una mujer que nos hemos encontrado.

John se sentó junto a ella.

–Eres tierno y sensible. –Se había incorporado y le acarició la cara–. Y me gusta mucho ese lunar que tienes en la mejilla.

Él se lo tocó con disgusto. Le recordaba a su doble el actor.

–No pienses en esas tonterías –dijo ella adivinando sus pensamientos–. Nosotros somos únicos, irrepetibles. Por mucho que cuenten cosas sobre nosotros que no son ciertas, que nos digan que somos otros, que nos confundan por las apariencias, nunca ha habido nadie como nosotros. Ni nunca lo habrá. Prométeme que recordarás lo que te estoy diciendo.

John hizo una mueca triste.

–¡Prométemelo! –Ella le agarró con fuerza de la muñeca–. Dime que la próxima vez que te confundan con alguien, sonreirás y recordarás lo que te estoy diciendo.

Él asintió. ¿Cómo iba a poder olvidar nada de lo que dijera aquella mujer?

–¿Te volveré a ver? –le preguntó. Temía la respuesta.

La sonrisa desapareció de aquellos labios finos, firmes, y, por un momento, la tristeza llenó sus ojos profundos.

–Lo cierto es que… yo no salgo mucho.

–¡Tengo que verte! ¡Necesito verte! –dijo John con desesperación.

Ella le miró con ternura.

–No sé si será posible.

–¡Por favor!

–Está bien. Pásate mañana por el Museo del Prado.

–¿Mañana?, ¿A las doce? ¿En qué sala? –preguntó él sin poder esconder su ansiedad.

–Cerca de la sala 35. Las doce es una hora tan buena como cualquier otra. Ahora tienes que irte. Es tarde y pronto tendré que volver a mi trabajo –dijo ella mientras volvía a recostarse en los almohadones blancos.

–Quédate como estás. Quiero recordarte así hasta que volvamos a encontrarnos –dijo John retrocediendo lentamente hacia la puerta. Se detuvo a mirarla por última vez y salió.

Permaneció un momento en el descansillo sin saber muy bien qué hacer. Bajó a toda prisa por las escaleras y salió de la taberna. Fuera empezaba a amanecer. Se paró a respirar el aire fresco de la mañana. Luego, sin mirar atrás, continuó corriendo y corriendo. Se sentía ligero, lleno de euforia. En pocos minutos estaba en una gran avenida que creyó reconocer. Debía estar ya cerca del hotel.

DURANTE LA LECTURA

1. Con tu compañero, contesta las siguientes preguntas sobre el relato.

a. ¿Por qué llega John solo a Madrid?

b. ¿Cómo está el tiempo en Madrid cuando John llega?

c. ¿A quién conoce John en la taberna?

d. ¿Qué beben John y la chica en la taberna?

e. ¿Por qué comprende la chica de la taberna la situación de John?

f. ¿Dónde quedan para verse otra vez?

2. Haz una descripción física de los personajes de la historia.

a. John dice que le confunden con el actor cómico Rowan Atkinson. Con tu compañero, haz una descripción física del actor para describir a John. Si no lo conoces, busca una foto en Internet.

b. En la historia se da una breve descripción física del personaje de la chica. Con tu compañero, haz una descripción completando la que aparece en la historia con tu imaginación.

3. Vuelve a leer la sinopsis de la actividad 3 de *Antes de la lectura.* ¿En qué se diferencia del relato? Coméntalo con tu compañero.

4. Con tu compañero, busca en Internet un plano del Museo del Prado y localiza el punto en el que John y la chica de la taberna van a encontrarse.

Apenas pudo dormir. Recordaba todo lo que había pasado aquella noche casi como si la estuviese viviendo de nuevo. Repasaba cada instante e intentaba grabarlo en su memoria para que no se perdiera ningún detalle. Le daba la impresión de que todo lo que había sucedido antes en su vida, lo de Diana, lo de las otras mujeres, el parecido con Mr. Bean, era como una mala película de cine que hubiese visto hace años. Nada era real, solo la noche anterior.

A las nueve estaba ya en pie. Desayunó con apetito y volvió a El Corte Inglés. No podía ir a su cita con la ropa que tenía. Sin embargo, no sabía muy bien qué comprar. ¿Qué ropa le gustaría a su bella amiga? Finalmente se decidió por un atuendo algo conservador: camisa de marca, pantalón y zapatos negros.

A las once y media ya estaba en el Prado. Mientras hacía cola para entrar, imaginaba cómo sería el encuentro con ella, donde la vería, lo que le diría. Seguro que estaba guapísima de día también. Una vez dentro del museo, todavía quedaban veinte minutos para la hora de la cita. Para no ponerse nervioso prefirió no ir directamente al lugar que ella le había indicado. Solo localizó la sala en el plano y empezó a dar un largo rodeo hasta llegar hasta allí. Los cuadros que encontraba en su camino no le decían nada. En todos y cada uno de ellos veía solamente la imagen de su amada.

Finalmente recorrió la gran galería central acristalada y cinco minutos antes de las doce ya se encontraba en la sala 35. Estaba llena de visitantes y cada vez entraban más. ¿Y si con tanta gente no pudiese verla? Se puso a pasear intranquilo arriba y abajo de la estancia. Incluso firmó distraído unos cuantos autógrafos a turistas japoneses y se sacó un par de fotos con un grupo de noruegos. El tiempo pasaba y pasaba y ella no aparecía. Los nervios eran cada vez mayores. Se palpó la ropa buscando un paquete de cigarrillos. Qué tontería. ¿Cómo iba a poder fumar en un museo? Recordó que ella había dicho «cerca de la sala 35».

Quizá estuviera en alguna de las contiguas. Sin embargo, tampoco allí había nadie que se le pareciese. Buscando distraer por un momento la ansiedad, intentó concentrarse en las pinturas que colgaban de las paredes. De repente se quedó estupefacto. No era su imaginación. Allí estaba ella. ¿Cómo no la había visto antes? Con su vestido blanco y su chaqueta corta en uno de los cuadros. En otro maravillosamente desnuda, recostada en almohadones blancos, tal como la había visto en aquella pequeña habitación hacía solo unas horas.

A su lado podía oír la explicación del guía a un grupo de visitantes:

–...La maja vestida y la desnuda son dos de las obras más importantes de Goya. En contraste con cuadros de pintores de la misma época, no se trata de una figura mitológica, sino de una mujer real. Se ha especulado mucho sobre la identidad de la modelo que inspiró esta pintura. La fantasía popular siempre ha querido creer que se trataba de la Duquesa de Alba, protectora y posible amante del artista aragonés, pero parece que esto no es posible ya que la duquesa era ya una mujer madura en esa época. También se ha dicho que podía ser Pepita Tudó, amante de Godoy, favorito del Rey Carlos IV. Sin embargo, en los últimos tiempos se habla que podía ser una simple mujer del pueblo. Nunca lo sabremos. Este misterio hace de estos cuadros unos de los más fascinantes del Museo del Prado. La leyenda incluso dice que, de vez en cuando, en las calurosas noches de verano, la maja escapa del museo para recorrer las calles de Madrid...

Desnuda por los siglos de los siglos, indefensa, sola delante de millones de visitantes que la bombardean con sus fotos, con sus comentarios, con sus chismes, que prefieren creer que es una duquesa, la favorita de un ministro, otra persona. John creyó que se le iba a escapar una lágrima, pero luego recordó lo que había dicho ella y sonrió. Por primera vez en muchos años, pensó que parecerse a un ridículo actor de cine no era ninguna tragedia.

DESPUÉS DE LA LECTURA

1. Con tu compañero, discute si los siguientes enunciados son verdaderos (V) o falsos (F). Justifica tu respuesta.

	V	F
a. Aunque John llevaba años aprendiendo español, todavía no podía arreglárselas solo.	☐	☐
b. La compañía aérea le perdió el equipaje a John y tuvo que comprarse ropa.	☐	☐
c. John descubrió que en España también era famoso el actor al que se parecía.	☐	☐
d. John quería beber cerveza cuando llegó a la taberna.	☐	☐
e. A John ya le habían dejado otras mujeres por el mismo motivo.	☐	☐
f. Cuando se fue con la chica a la habitación, John temió por su vida.	☐	☐
g. Cuando John salió de la taberna, ya era de día.	☐	☐
h. John volvió a comprar ropa en El Corte Inglés para ir al museo.	☐	☐
i. En el Museo del Prado, le volvieron a confundir con el actor.	☐	☐
j. La chica de la taberna era duquesa.	☐	☐

2. Relaciona las siguientes palabras que aparecen en el relato con su sinónimo o expresión correspondiente.

1. Ola.
2. Malicia.
3. Guiri.
4. Bocado.
5. Zapear.
6. Sobresaltarse.
7. Candil.
8. Buscona.
9. Caer.
10. Erizar.
11. Estancia.
12. Maja.

a. Vela.
b. Excitarse.
c. Levantar el pelo.
d. Prostituta.
e. Porción de comida que cabe de una vez en la boca.
f. Forma mala de actuar, ocultando la verdad.
g. Fenómeno atmosférico que produce un cambio repentino de temperatura de un lugar.
h. Habitación.
i. Cambiar de canal en la televisión.
j. Simpática.
k. Comprender.
l. Turista, extranjero.

3. **Estas son algunas expresiones que aparecen en el relato. Con tu compañero, deduce del contexto su significado y su uso y relaciónalas con las siguientes descripciones.**

Darse por aludido • Con todo lujo de detalles • A borbotones • Cargar con el sambenito • ¡Alma de cántaro! • ¡Jesús, María y José!

a. Persona vulnerable. ....

b. Recibir una alusión por parte de alguien. ....

c. Muy deprisa y con desorden y confusión. ....

d. En profundidad. ....

e. Mala fama. ....

f. Expresar admiración, dolor, susto o lástima. ....

4. **Observa los cuadros de *La maja desnuda* y *La maja vestida* de Goya y comenta con tu compañero las siguientes preguntas.**

a. ¿Conocías los cuadros?

b. ¿Te imaginabas así a la chica que John conoce en la taberna?

c. ¿Crees que la descripción que hace la historia de la chica de la taberna se acerca a los cuadros de la maja vestida y la maja desnuda de Goya?

5. **¿Conoces a otros cuadros que tengan una leyenda o una historia real? Busca información en Internet y coméntala con tus compañeros.**

Claves

DURANTE LA LECTURA

1. **a.** Porque su novia lo ha dejado por otro; **b.** El calor era insoportable; **c.** A una mujer; **d.** Vino; **e.** Porque también ha sufrido que la gente la confunda con otra persona; **f.** En el Museo del Prado.

DESPUÉS DE LA LECTURA

1. **a.** V; **b.** F (Había dejado la maleta en casa); **c.** V; **d.** V; **e.** V; **f.** V; **g.** V; **h.** V; **i.** V; **j.** F (Un mujer del pueblo).

2. **1.** g; **2.** f; **3.** l; **4.** e; **5.** i; **6.** b; **7.** a; **8.** d; **9.** k; **10.** c; **11.** h; **12.** j.

3. **a.** ¡Alma de cántaro!; **b.** Darse por aludido; **c.** A borbotones; **d.** Con todo lujo de detalles; **e.** Cargar con el sambenito; **f.** ¡Jesús, María y José!

IX

El poder imprevisible del oro

Rosa Regàs*

B2 C1

23

* (Barcelona, 1933). *Novelista, autora de ensayos, conferenciante, articulista y editora. Trabajó en la Editorial Seix Barral de 1964 a 1970, fundó la Editorial* La Gaya Ciencia *y dirigió varias revistas. Ha sido directora de la Casa América de Madrid y Directora General de la Biblioteca Nacional de España. Ha ganado el Premio Nadal en 1994 por* Azul, *el Premi Ciutat de Barcelona en 1999 por* Luna lunera, *y el Planeta en 2001 por* La canción de Dorotea.

ANTES DE LA LECTURA

1. Con tu compañero, haz una lista de objetos que estén hechos con los siguientes materiales.

ORO	PLATA	ACERO	ALUMNIO	PLÁSTICO

2. ¿Qué material crees que tiene más valor en tu país? Coméntalo con tu compañero y ordena los materiales del ejercicio anterior de mayor a menor valor.

1. ....
2. ....
3. ....
4. ....
5. ....

3. La protagonista de esta historia ha ganado un viaje a Abu Dhabi. ¿Alguna vez te ha tocado algo en un sorteo? Si te tocara un viaje, ¿dónde te gustaría ir? ¿Por qué?

4. Lee atentamente el título de la historia de Rosa Regàs y escribe una sinopsis de la historia.

Yo nunca había viajado como veo que viajan mis vecinos y en general toda la gente que conozco. Mi pequeño mundo tenía sus límites en los de mi barrio de Gracia, en Barcelona, del que solo salía para tomar el metro, llegar al Raval y ponerme tras el mostrador de un pequeño bar que se nutría de una clientela **ávida**[1] de desayunos, cervezas y almuerzos. A las siete de la tarde, una vez Anselmo, el cocinero, y yo habíamos limpiado las mesas y los suelos, habíamos dejado la minúscula cocina tan limpia como era posible en un edificio que debía haber sido construido hacía al menos ciento cincuenta años y habíamos llevado la basura a los contenedores de la esquina, volvía a coger el metro y llegaba a casa justo para la cena, más un rato de televisión y luego a la cama porque como tenía que levantarme todos los días a las cinco y media de la madrugada andaba siempre corta de sueño.

En verano, aunque fuera a estas horas imposibles, era agradable levantarse y con la luz recién estrenada del día, abrir el portal, recibir en la cara ese airecillo fresco que no se ha espesado aún y meterme en el metro. Pero en invierno era muy duro. La oscuridad me hacía sentir cansada, como si no hubiera dormido lo suficiente, como si mi cuerpo necesitara de la luz para despertarse.

Así transcurría mi vida, con fines de semana –uno sí y otro no porque cada quince días me tocaba trabajar por las mañanas– durmiendo hasta tarde y paseando con las amigas por las calles del barrio en busca de un nuevo jersey, un nuevo CD, un

[1] **Ávido, a:** ansiosa.

nuevo chico que fuera mejor que el anterior o que a mí me gustara más. No estaba desesperada, no había motivo. Solo tengo diecisiete años, así que estaba segura de que tenía una interminable vida por delante y que algún día se presentaría el imprevisto en forma de billete de lotería, de novio **acaudalado**[2] y de ojos soñadores, o de una fortuna que heredaría de aquellos parientes que hacía años se habían ido a Suiza. O al menos un trabajo un poco más emocionante y que me dejara libres algunas horas para moverme por la calle, ir al cine, en fin, lo que hace todo el mundo.

Y sí, el imprevisto se presentó un día cuando menos lo esperaba y de la forma más inesperada. Fui al súper y en el cartón del jabón de la lavadora venía un sobre dentro del cual había muchos papeles y una tarjeta, como una tarjeta de crédito, en la que según decían si ponía mi nombre y dirección en el espacio reservado para ello, la metía en el sobre adjunto y la enviaba **sin franquear**[3] al apartado señalado en la ficha, tenía la posibilidad de que me tocara un viaje a Abu Dhabi. Abu Dhabi decía, y aunque yo no sabía dónde estaba ni habría podido decir si era el nombre de una ciudad o un país, ni en el folleto adjunto figuraba información alguna sobre su situación en el mundo más allá de los camellos, las palmeras y los casinos, no sé por qué me entusiasmé. Sería por las ganas de que me ocurriera algo distinto, sería por un vago presentimiento en los que, todo hay que decirlo, creo bastante, el caso es que hice todo lo que me pedían las instrucciones y yo misma eché el sobre debidamente cumplimentado en el buzón de la **estafeta**[4] más próxima.

Tal vez por esta oscura premonición no me sorprendió recibir a los pocos días una llamada en la que se me comunicaba que había ganado el viaje, no solo para mí, sino también para

[2] **Acaudalado, a:** con mucho dinero.
[3] **Sin franquear:** sin pagar previamente en sellos lo que se envía por el correo.
[4] **Estafeta:** oficina del correo.

un acompañante. Podríamos viajar cuando quisiéramos a Abu Dhabi, permanecer en la ciudad durante cuatro días en un magnífico hotel de cinco estrellas y encima me anunciaban una serie de visitas turísticas acompañados por un guía. Lo único que tenía que hacer era rellenar un cuestionario que me haría llegar la firma patrocinadora, con los nombres, carnés de identidad y fechas, y tener el pasaporte preparado. Ellos se encargarían de los visados que deberíamos recoger nosotros cuando nos lo indicaran.

Me quedé **anonadada**[5], no porque, como ya he dicho, me sorprendiera haber ganado, sino porque estar ante un hecho real no es lo mismo que tener una premonición o expresar un deseo. Además estaba el asunto del acompañante.

Mi familia es muy breve: mi madre y yo. Pero ella, a la que veo poco porque su vida siempre se movió, y sigue moviéndose, al margen de la mía, tiene su trabajo, sus amores y sus diversiones, así que no éramos precisamente la pareja ideal para compartir un viaje. Estuve muchos días pensando mientras la empresa que organizaba el viaje me bombardeaba con peticiones de papeles, documentos y preguntas sobre mis gustos. Sí, me gustaba la playa, sí, me gustaban los museos, sí, me gustaban las excursiones. Entre todo esto y la búsqueda de información sobre Abu Dhabi, el trabajo de todos los días y esa **insólita**[6] esperanza de viajar que planeaba a todas horas sobre mi mente y mis emociones, se me pasó el tiempo sin darme cuenta, incluso cuando ya había decidido ofrecer a Anselmo, el cocinero, la posibilidad de acompañarme. Al fin y al cabo era la persona más cercana que tenía aparte de las amigas del barrio que siempre van y vienen de un novio a una boda, de un trabajo a otro, de un horario a otro. Tuvimos problemas con el dueño del local pero al final, tras mucho discutir, decidió darnos un largo fin de semana y

---

[5] **Anonadado, a:** desconcertada, sorprendida.
[6] **Insólito, a:** raro, extraño.

aprovechar para no sé qué revisiones de la cocina que le estaban urgiendo desde el ayuntamiento.

Así, como en un sueño, un hermoso día de primavera del pasado año me encontré en un avión que me pareció gigantesco, acostumbrada como estaba a no verlos más que en el aire, acompañada de Anselmo, al que por cierto nunca había visto vestido sin la bata, el delantal y el gorro blanco que le obligaban a llevar en la cocina.

¿Para qué voy a contar las maravillas de Abu Dhabi? ¿Cómo describir el hotel con su playa llena de palmeras, el lujoso baño, la inmensa cama en medio de una habitación mucho mayor que mi propia casa? Era magia pura, como si por el **mero**[7] hecho de contemplar un folleto de una agencia de viajes, los hoteles, las playas, los monumentos y las espectaculares avenidas adquirieran vida y movimiento solo para que nosotros pudiéramos contemplarlas, disfrutarlas. No salíamos del entusiasmo ni del **estupor**[8] y tardamos al menos dos días con sus noches en reaccionar y bajar de las nubes en las que nos habían instalado tantas maravillas ajenas a nuestra vida y tomar conciencia de la realidad que nos envolvía. Poco a poco pues, comenzamos a disfrutar de lo que teníamos y acto seguido nos vinieron tentaciones de soñar con una vida entera tan regalada como la que llevábamos.

Fue entonces, en este limbo entre la realidad y los sueños, cuando se produjo el encuentro. No me atrevo a decir que fue un milagro, aunque bien mirado así, se podría considerar puesto que Anselmo y yo llevábamos más de dos años trabajando juntos y sería cierto afirmar que apenas nos habíamos visto. No más del uno y del otro que ese **barniz**[9] exterior con el que los humanos nos cubrimos como si nos asustara el contacto con los demás. Sabíamos que éramos buenos amigos, nos ayudábamos, nos hacía-

---

[7] **Mero:** puro, simple.

[8] **Estupor:** asombro, pasmo.

[9] **Barniz:** líquido que se da a las pinturas o maderas para su conservación y brillo.

mos favores e incluso alguna vez habíamos ido juntos hasta la parada del metro, pero de hecho nunca nos habíamos visto, tal vez porque tampoco nos habíamos mirado. Y lo que ocurre cuando un hecho imprevisto, una nueva situación, un cambio de humor, nos hace traspasar esa capa de barniz que cubre al que tenemos enfrente, es que se nos abren las puertas a un mundo lleno de sorpresas. Y contemplamos asombrados los tesoros que encierra de los que no teníamos ni idea, ni siquiera se nos había ocurrido imaginarlos. Y por lo mismo, al **desbaratar**[10] él también nuestro envoltorio, no solo descubre lo que encierra, sino que lo hace tan evidente y tan visible que también nosotros nos quedamos asombrados por lo que comprobamos que dormía en nuestro interior. Como una aparición, como si con el acto imprevisto de desvelar transmitiéramos al otro lo que escondemos y recibiéramos lo que él esconde. Y nos gustamos mucho más que antes, porque vemos en nosotros lo que el otro ve, no lo que creíamos que éramos, que conteníamos. Qué delicia, qué suavidad en las formas de acercamiento, qué dulzura y, al mismo tiempo, cuánta curiosidad brota en el alma al descubrir más aún de lo que nos ha sido concedido, al llegar más al fondo de ese agujero negro que puede encerrar todos los placeres, todas las emociones. Y tras la curiosidad aparece la pasión por una búsqueda en la que hacemos intervenir todas nuestras **facultades**[11], abiertos y activos todos los poros de nuestra piel junto con las esperanzas ocultas de nuestra alma, hasta que llega un momento en que aquel cuerpo tan ajeno unas horas antes, como si hubiera sido tocado por un rayo de gracia, se acerca tanto al nuestro que ya no podemos distinguir donde comienza el uno y acaba el otro.

Transportados a ese paraíso de los sentidos y la emotividad, incapaces de dormir, **pletóricos**[12] de amor y colmado hasta

[10] **Desbaratar:** deshacer.
[11] **Facultad:** aptitud, capacidad.
[12] **Pletórico, a:** que tiene abundancia de algo.

el infinito el poder de las miradas, decidimos aprovechar el amanecer para caminar por la playa frente al hotel donde nos alojábamos. Así, tranquilizados por el aire fresco y la luz blanca y lechosa de un sol que no tardaría en manifestarse, nuestros sentidos dieron la vez a las palabras, los sueños y el futuro que nacía en el mismo momento de pronunciarlo. Un futuro sin el trabajo, sin el metro, sin la limpieza precipitada de las mesas, un futuro sin la separación, donde viviríamos eternamente envueltos en el aura de nuestra recién estrenada pasión que, así lo comprendíamos, duraría eternamente. Como eternos serían nuestros paseos por la playa, el desayuno que nos esperaba en la habitación, los besos **sigilosos**[13], el encuentro de las manos, el **esplendor**[14] de los días radiantes y las noches enfurecidas por la eterna búsqueda de más y más placer, de más y más tesoros que descubriríamos en una cama con sábanas de hilo, también eternamente dispuesta en nuestra habitación de luz incierta tras el **esmeril**[15] de los toldos y las cortinas.

Es posible que tras la espesa construcción de nuestros sueños brillara de vez en cuando una **esquirla**[16] de fuego que nos reclamaba una mirada al recuerdo y la experiencia, pero no teníamos intención de hacerle caso convencidos como estábamos de que el mundo era nuestro y que un milagro no es solo un milagro, sino el descubrimiento de un camino donde un milagro tiraría de otro y este de otro más como un inmenso e inacabable rosario de milagros que harían posible esa eternidad que reclamábamos como nuestra, como premio indiscutible a la potencia y a la insólita singularidad de nuestro amor.

[13] **Sigiloso, a:** silencioso.

[14] **Esplendor:** situación de mayor elevación o intensidad en su desarrollo o en sus cualidades.

[15] **Esmeril:** piedra artificial usada para afilar o pulir metales.

[16] **Esquirla:** astilla desprendida de algo duro.

DURANTE LA LECTURA

1. **Contesta estas preguntas relacionadas con la protagonista de la historia. Después compara tus respuestas con un compañero.**

a. ¿Dónde y con quién vive la protagonista?
b. ¿Cuántos años tiene?
c. ¿Dónde y con quién trabaja?
d. ¿Qué es lo que gana?
e. ¿A quién elige como acompañante para su aventura?
f. ¿Qué descubren durante la aventura?

2. **Ahora vamos a analizar los personajes de la historia. Con tu compañero elige una de las dos opciones y contesta las preguntas. Después, lee lo que ha escrito tu compañero.**

Alumno A	Alumno B
1. ¿En qué persona se narra la historia? **2.** ¿En qué párrafo averiguas el sexo de la protagonista? ¿Por qué crees que no aparece su nombre en la historia? **3.** ¿Cómo te la imaginas?	**1.** ¿Quién es el único personaje con nombre en esta parte de la historia? **2.** ¿Qué relación tiene con la protagonista? **3.** ¿Cómo te lo imaginas?

3. **Vuelve a leer este párrafo y contesta.**

[…] Sabíamos que éramos buenos amigos, nos ayudábamos, nos hacíamos favores e incluso alguna vez habíamos ido juntos hasta la parada del metro, pero de hecho nunca nos habíamos visto, tal vez porque tampoco nos habíamos mirado […]

¿Qué crees que significa la frase *Nunca nos habíamos visto porque no nos habíamos mirado*? ¿Te ha pasado alguna vez? Coméntalo con tu compañero.

4. **¿Has estado alguna vez en Abu Dhabi? ¿Cómo te lo imaginas? Escribe un texto sobre esta ciudad.**

Enardecidos[17] por esta visión que queríamos saborear o tal vez vencidos por un cansancio que nos negábamos a reconocer, nos tumbamos en la arena, dos figuras yacientes, inmóviles y paralelas bajo la luz del sol naciente. El tiempo parecía haberse detenido, el silencio nos envolvía porque no había sonado aún el despertador de los turistas y sus guías que debían dormir en este momento en el hotel que, envueltos en nuestras fantasías, habíamos dejado lejos.

¿Cuánto rato permanecimos así, mi mano derecha envuelta en su mano izquierda como el puente que nos mantenía comunicados? Tal vez debí dejarme vencer por la ensoñación o incluso puede que me durmiera. De pronto, la mano de Anselmo se desgajó de la mía y cuando abrí los ojos lo vi sentado en el suelo sosteniendo con sus dos manos un objeto al que miraba fijamente.

–¡Es oro! ¡Es oro! –gritaba mientras limpiaba la arena adherida a ese inmenso bulto que seguía observando con pasión como si fuera a él a quien dirigía sus gritos–. ¡Es oro! Tanto oro como podamos necesitar en toda la vida. ¡Es oro!

Y entonces descubrí que lo que sostenía en las manos y limpiaba con infinito cuidado, pero a la vez con definitiva resolución, era una **grifería**[18] sólida, dos grifos enlazados por una tubería de la que por la parte alta brotaban dos grandes alas de águila y por la parte baja desembocaba en un poderoso **desagüe**[19]. Sí, parecía oro, y aunque yo nunca había visto más oro que el anillo de mi madre y la cadena y la medalla que me habían regalado el día

[17] **Enardecido, a:** excitado.

[18] **Grifería:** conjunto de grifos y llaves que sirven para regular el paso del agua.

[19] **Desagüe:** conducto por donde salen las aguas.

de la primera comunión que guardábamos en una cofrecito en el armario del cuarto que había sido de mis padres, no dudé ni un momento de la afirmación de Anselmo. Claro que debía ser oro, no había más que ver los lujosos edificios muchos de ellos recién construidos que se levantaban más allá de la playa, que debían tener de oro no solo los grifos, sino todo aquello que en un país como el nuestro se hace con hierro, acero, aluminio, estaño o simplemente plástico. Sí, era oro, no cabía la menor duda, un grifo de oro perdido de alguna obra, un grifo de oro que entre tanta riqueza nadie había echado de menos, como en nuestro país apenas se echaría en falta una grifería de plástico en la instalación de los baños de un hotel de trescientas o quinientas habitaciones. ¿Por qué no? Así lo veía yo y así debía verlo Anselmo a mi lado, distante ahora por primera vez en las últimas veinticuatro horas, obsesionado en el intento de descifrar cómo había podido llegar allí el mágico objeto.

Todavía no se nos había ocurrido pensar en cómo pasaríamos la grifería por los controles del aeropuerto para sacarla del país. De momento, una vez vuelto Anselmo de las profundidades de su **ensimismamiento**[20], como hacen los niños con los planes de un regalo que ha de llegar, o el que construye sueños con el billete de lotería que acaba de adquirir, nos dedicábamos a traducir en moneda el valor de nuestro tesoro y a enumerar, esta vez también como un rosario de deseos, lo que podríamos comprar y el tren de vida que nos podríamos permitir con lo que nos dieran por él. El futuro, nuestro futuro, se nos había vuelto un poco más real y concreto porque por primera vez apareció en el horizonte de nuestra fantasía el hecho **inexorable**[21] de que había que volver a nuestro mundo, vender nuestra propiedad, decidir dónde vivir y cómo... El encuentro con aquella

[20] **Ensimismamiento:** abstraído, concentrado.

[21] **Inexorable:** que no se puede evitar.

llamarada[22] de realidad, de cotidianeidad, nos dejó sorprendidos, pero con la fortuna que teníamos en las manos, estábamos seguros de contar con las armas suficientes para hacerle frente. Durante los dos días que nos faltaban para tomar el avión de vuelta no hicimos otra cosa que pensar y pensar, porque la estrategia para burlar los controles de salida que al principio ni siquiera se nos había ocurrido, iba adquiriendo en nuestra mente un volumen cada vez más exagerado que poco a poco iba borrando toda huella de fantasía, de complicidad. Cada uno pensaba por su cuenta en la forma de llevarnos la grifería y solo de vez en cuando nos proponíamos en voz alta soluciones cada vez más **descabelladas**[23] que no hacían sino provocar en el otro miradas de desencanto, incluso de desprecio. Hablábamos, claro que sí, pero solo de los grifos, de los controles, de los policías, de la reglamentación que debe regir para la salida de bienes del país en los aeropuertos de los que por supuesto nada sabíamos, pero que iban apareciendo en nuestras estrategias, porque no hace falta ser un experto en viajes ni en fronteras para entender que los metales de tanto peso y volumen no pasan los controles aunque vayan en una maleta que se haya facturado. Recordábamos haber oído que los equipajes han de pasar un aparato que detecta metales con lo cual, al descubrir lo que pretendíamos sacar del país, además de contravenir las reglas de seguridad de los aeropuertos, se nos acusaría sin lugar a dudas del robo de la grifería. ¿Teníamos idea de lo que nos podría ocurrir en un país tan distinto al nuestro? Veíamos las cárceles **atiborradas**[24] de traficantes, el tiempo eternizándose en ellas, el juicio sin abogados. No, no sería así, este es un país civilizado, llamaríamos a alguna representación diplomática que nos conseguiría un buen abogado.

[22] **Llamarada:** manifestación repentina de un sentimiento y de poca duración.
[23] **Descabellado, a:** que está fuera de la razón, orden o concierto.
[24] **Atiborrado, a:** muy lleno.

–Pero, ¿por qué estamos pensando en estas tonterías? –interrumpió nuestras **cavilaciones**[25] Anselmo–. De ningún modo podemos pensar en pasar el oro por el sistema convencional de meterlo en una maleta. ¿Entonces qué hacemos? ¿Por correo? ¿Por mensajero? ¿Acaso no tendrían también que pasar los mismos controles? Sí, en ese caso tal vez no nos detendrían porque ya habríamos salido del país, pero tampoco tendríamos el oro.

Dos días así, dos días dándole vueltas al asunto sin acabar de encontrar la solución. Dos días sin mirar el paisaje, sin oír el rumor de las palmeras ni del mar, sin ver los monumentos, sin oír las explicaciones de los guías, sin apenas hambre para comer ni sed para beber, dos días sin tomarnos de la mano ensimismados cada cual en un rincón de la cama por la noche, reconcentrados ambos, a todas horas, en sus propias cavilaciones.

No había solución. El desánimo se apoderó de nosotros al mismo tiempo que perdimos la esperanza y dejamos de mirarnos y de vernos **engullidos**[26] por una decepción que no fuimos capaces de superar ni compartir. El viaje de vuelta fue todavía más doloroso al hacerse patente que en aquel avión no viajaba con nosotros la magnífica grifería de oro con alas de águila que habíamos tenido que devolver a la arena el amanecer del último día, escondiéndonos ahora de una palmera a otra no fuera a descubrirnos alguien con el tesoro en las manos.

* * *

[25] **Cavilación:** pensamiento profundo.

[26] **Engullido, a:** atragantado o que ha tragado la comida con ansia y sin mascarla.

Hace ya más de dos meses que hemos vuelto de Abu Dhabi. La vida ha recuperado su ritmo habitual y todos los días a las siete de la tarde, una vez Anselmo y yo hemos limpiado las mesas y los suelos, hemos dejado la cocina minúscula tan limpia como es posible en un edificio que debe haber sido construido hace al menos ciento cincuenta años, vuelvo a coger el metro y llego a casa justo para la cena, un rato de televisión y a la cama porque tengo que levantarme todos los días a las cinco y media de la madrugada y ando siempre corta de sueño.

Todo sigue igual, solo muy de vez en cuando, como un relámpago de memoria en la bruma de mi rutina y de la codicia frustrada y **enquistada**[27] en mi alma, irrumpe como un recuerdo prestado, la capacidad que un día se me desveló de atravesar la capa de barniz que envuelve a todos los humanos tras la cual es posible descubrir el insólito resplandor que nos ilumina a todos. Pero es solo un relámpago, un **fogonazo**[28].

[27] **Enquistado, a:** estancado o estacionado un proceso o una situación.
[28] **Fogonazo:** llama que se levanta del fuego y se apaga pronto.

DESPUÉS DE LA LECTURA

1. **Comprueba la sinopsis que escribiste en la actividad 4 de *Antes de leer*. ¿En qué se ha diferenciado de la historia final?**

2. **Con tu compañero, lee las siguientes frases y di si son verdaderas (V) o falsas (F). En caso de que sean falsas, justifica tu respuesta.**

	V	F
a. La cocina que tenían que limpiar tanto la protagonista como Anselmo era enorme.	☐	☐
b. La protagonista soñaba con que se le presentara un imprevisto en su vida que le sacara de la rutina.	☐	☐
c. Anselmo y la protagonista llevaban trabajando juntos un año y medio.	☐	☐
d. El viaje a Abu Dhabi era durante una semana en un modesto hostal al lado de la playa.	☐	☐
e. El viaje incluía excursiones y visitas a museos.	☐	☐
f. La protagonista encontró el oro en la playa y se lo comunicó a Anselmo.	☐	☐
g. La pieza de oro estaba formada por dos grifos unidos por una tubería que terminaba en un desagüe.	☐	☐
h. Anselmo y la protagonista llegaron a la conclusión de que los metales con tanto peso no pasaban los controles de seguridad.	☐	☐
i. Decidieron dejar los grifos en la habitación del hotel.	☐	☐

3. **Con tu compañero, une las palabras del texto con los sinónimos correspondientes.**

1. Minúsculo.	**a.** Turno.
2. Patrocinador.	**b.** Pensamiento.
3. Contemplar.	**c.** Pequeño.
4. Acto seguido.	**d.** Observar.
5. Envoltorio.	**e.** Sueño.
6. Vez.	**f.** Promotor.
7. Ensoñación.	**g.** Engañar.
8. Burlar.	**h.** Cubierta.
9. Cavilación.	**i.** Inevitable.
10. Inexorable.	**j.** Inmediatamente.

4. **Busca en el diccionario las palabras en negrita. ¿Comprendes su significado en los siguientes contextos que aparecen en la historia? Sustitúyelas por las siguientes palabras: *cadena, abrumar, separarse, devorado.***

a. [...] la empresa que organizaba el viaje me **bombardeaba** con peticiones de papeles, números de documentos y preguntas sobre mis gustos.

b. [...] un milagro no es solo un milagro sino el descubrimiento de un camino donde un milagro tiraría de otro y este de otro más como un inmenso e inacabable **rosario** de milagros que harían posible esa eternidad que reclamábamos como nuestra.

c. [...] De pronto la mano de Anselmo **se desgajó** de la mía y cuando abrí los ojos lo vi sentado en el suelo sosteniendo con ambas manos y mirando fijamente un objeto voluminoso que no reconocí.

d. [...] El desánimo se apoderó de nosotros al mismo tiempo que perdimos la esperanza y dejamos de mirarnos y de vernos **engullidos** por una decepción que no fuimos capaces de compartir.

5. **¿Conoces la ciudad donde ha viajado la protagonista? Con tu compañero, busca información en Internet sobre esta ciudad y explícaselo a tus compañeros.**

6. Comenta con tu compañero las siguientes preguntas.

a. La protagonista eligió irse con su compañero de trabajo a Abu Dhabi. ¿A quién hubieses elegido tú para ir de viaje?

b. Anselmo y la protagonista después de mucho pensar en cómo transportar los grifos de oro a España, decidieron dejarlos de nuevo en la playa. ¿Qué hubieras hecho tú?

7. Escribe un párrafo sobre cómo se hubiera desarrollado la historia si los grifos hubieran sido de plástico.

Claves

DURANTE LA LECTURA

1. **a.** Vive con su madre en el barrio de Gracia (Barcelona); **b.** 17 años; **c.** Trabaja en un bar en el Raval (Barcelona) con Anselmo, el cocinero; **d.** Gana un viaje a Abu Dhabi; **e.** A Anselmo, el cocinero; **f.** Descubren el amor que hay entre ellos.

1. **Alumno A:** **1.** En primera persona; **2.** En el primer párrafo *(Corta de sueño).*

Alumno B: **1.** Anselmo; **2.** Es el cocinero del que ahora está enamorada.

3. Que aunque trabajado juntos y se **veían** todos los días, nunca se habían percatado de que algo podría existir entre ellos y **mirarse** más allá que como simples compañeros.

DESPUÉS DE LA LECTURA

2. **a.** F (Era minúscula); **b.** V; **c.** F (Dos años); **d.** F (El viaje sería durante cuatro días en un magnífico hotel de cinco estrellas); **e.** V; **f.** F (Lo encontró Anselmo y se lo comunicó a la protagonista); **g.** V; **h.** V; **i.** F (La llevaron de nuevo a la playa).

3. **1.** c; **2.** f; **3.** d; **4.** j; **5.** h; **6.** a; **7.** e; **8.** g; **9.** b; **10.** i.

4. **a.** abrumaba; **b.** cadena; **c.** se separó; **d.** devorados.

X

Desaparición en el centro financiero de Madrid

Pascual Drake Falcón*

B2 C1

24

*(Madrid, 1981). Periodista, director de comunicación de Todovino.com y columnista del diario económico Expansión. Drake comenzó su carrera como periodista en el grupo Unidad Editorial, donde trabajó como redactor en Actualidad Económica durante algo más de cuatro años, hasta que se incorporó a la consultora de comunicación Porter Novelli donde se especializó en Comunicación online.

ANTES DE LA LECTURA

1. **La historia que vas a leer tiene lugar en Madrid. Aquí tienes algunos lugares que se mencionan en el relato. ¿Sabes qué es cada lugar?**

1. La Plaza Mayor	**3.** La Cava Baja	**5.** AZCA
2. El Rastro	**4.** Casa Lucio	**6.** Paseo de la Castellana

a. Calle de Madrid, en el barrio de La Latina, por donde pasaba la muralla cristiana y por donde en la Edad Media salían las personas en caso de peligro. Hoy día se puede encontrar en ella números bares y restaurantes donde la gente acude después de ir al Rastro.

b. Manzana de oficinas situada en el paseo de la Castellana y Nuevos Ministerios. En la actualidad, en ella se encuentran algunos de los edificios más altos, modernos y emblemáticos de la ciudad, y está considerado el rincón financiero de Madrid.

c. Situado en la Cava Baja. Es un restaurante muy conocido donde acuden los turistas a probar su comida madrileña. Entre ella, destacan sus platos con huevos, como los *huevos rotos*.

d. Una de las principales avenidas de Madrid. En ella se encuentra gran cantidad de edificios públicos, especialmente ministerios y embajadas de diferentes países, el complejo financiero de AZCA, el Palacio Municipal de Exposiciones y Congresos y el estadio de fútbol Santiago Bernabéu.

e. Mercadillo al aire libre que se hace los domingos por las mañanas en los castizos y, hoy en día, multiculturales barrios de Lavapiés y Latina, cerca de la Plaza Mayor. Aquí puedes encontrar objetos de segunda mano, antigüedades, etc.

f. Situada en el centro de Madrid. Su origen es del siglo XV y actualmente un importante punto turístico. Cuenta con muchos restaurantes, que instalan terrazas junto a los soportales de la plaza. Además, es un espacio muy utilizado para el tradicional mercado navideño, conciertos, mercado de sellos y monedas, etc.

2. **¿Has estado alguna vez en el centro financiero de una gran ciudad en tu país? ¿Cómo lo describirías? Cuéntaselo a tu compañero.**

3. **Una parte del centro financiero de Madrid se encuentra principalmente en el paseo de la Castellana. Con tu compañero, mira en un mapa en Internet dónde se encuentran la plaza de Cuzco, la torre de AZCA, las torres KIO, las Cuatro Torres, la torre Picasso.**

4. **Antes de leer, *Desaparición en el centro financiero de Madrid*, haz una hipótesis sobre el tema. ¿Qué crees que va a desaparecer?**

A Carlos nunca le ha gustado trabajar. Es directivo en una empresa norteamericana. Bueno, más que directivo. Es el jefazo de marketing de la **filial**[1] española de un gigante informático. Tiene 48 años y lleva dos en este cargo. Cuenta con dos secretarias: Loli, la más joven, incompetente de profesión y nula de titulación. Tiene el mejor culo de la oficina. Maribel, cincuentona, bilingüe y **galardonada**[2] en dos ocasiones con el premio de mejor secretaria del año por una importante firma de recursos humanos. Es fea y sosa. Imprescindible.

Mientras Maribel ordena y gestiona la agenda profesional de Carlos, Loli, que no ha sido capaz de pronunciar bien el nombre de la empresa tras dos años en plantilla, le complementa su vida amorosa con **escarceos**[3] **taciturnos**[4] en el despacho ordenado por Maribel. Cada una tiene su función. Los tres lo saben y nadie dice nada. Guardar las apariencias es casi el principal cometido de su rutina laboral.

Carlitos y Beatriz son los dos hijos que Carlos ha tenido con Julia, una arquitecta bellísima con la que Carlos se casó hace ya quince años. Julia dejó de trabajar en un importante estudio de decoración interior cuando, hace ahora catorce años, se quedó embarazada de Carlitos. ¿Y qué ha conseguido? Ha sacrificado su carrera laboral en pro de la de su marido. Lo que les ha reportado un chalé a las afueras de Madrid; casa y barco en Ibiza; refugio rural en la sierra cántabra; apartamento en Sierra Neva-

---

[1] **Filial:** entidad que depende de otra principal.

[2] **Galardonado, a:** premiado o remunerado por los servicios o méritos.

[3] **Escarceo:** aventura amorosa.

[4] **Taciturno, a:** callado, silencioso.

da y *hobbies* como el golf, al que van en un Ferrari, esquí, safaris, *rafting*... y todo tipo de emociones que proporcionan unos cuantos **vaivenes**[5] a la abultada cuenta corriente de los García de Bodegas.

Carlos tiene todo controlado. O al menos eso cree. Gana alrededor de 200 000 euros al año más *bonus* sin contar las dietas y otros extras que **se embolsa**[6] al participar en seminarios, conferencias... Nada extraño tratándose de un perfil profesional de primera categoría. Su mujer lo quiere (o eso cree, que no siente, él), sus hijos le idolatran (o eso cree, que no valora, él) y sus empleados le admiran (o eso cree, que no siembra, él). Cuando queda a cenar con sus amigos de toda la vida le gusta presumir de sus logros. Su ego se escribe con mayúscula, lo que no le permite percatarse de la cara de aburrimiento, pena e incluso desesperación que ponen los que han sido sus compañeros desde los 18 años cada vez que cultiva un jardín de flores silábicas alrededor de su persona.

* * *

Abril de 2007. Una preciosa mañana de domingo. Carlos ha llevado a su mujer y a los peques a dar una vuelta por el centro de Madrid. Paseo entre los puestos que cada último día de la semana inundan la Plaza Mayor de la capital de España con sellos, llaveros y recuerdos a la venta, y recorrido por el Rastro donde Beatriz ha conseguido que su madre le compre una bolsa de colores **rastafaris**[7] a base de llanto. Es mediodía y, aunque esa mañana Julia se ha levantado temprano para preparar una labo-

[5] **Vaivén:** variedad inestable de las cosas en su duración o logro.

[6] **Embolsarse:** cobrar.

[7] **Rastafari:** seguidor de un movimiento religioso, social y cultural de origen jamaicano, que se caracteriza por transmitir sus creencias a través de la música, defender el consumo de marihuana y el uso de una indumentaria y un peinado característicos.

riosa lasaña para los cuatro, Carlos se ha empeñado en comer de tapas por el centro. Julia se traga el orgullo y la lasaña. «Es lo que hay», piensa para sí misma mientras sonríe complaciente al capricho de su marido.

Comienzan con un aperitivo en un bar que hay en medio de la Cava Baja que Carlos adora por unas tapas de paté casero que preparan desde hace años. Al entrar en el establecimiento Carlos comienza a sudar. Al final de la barra, con un vino tinto en la mano, riendo acompañada de dos amigas está Loli. No hay excusas para dar marcha atrás. Carlos piensa que una cosa es ser el rey de la casa y otra **marear**[8] a su mujer. Qué hago, piensa.

–Cariño –dice dirigiéndose a Julia–, esto está llenísimo.

–Mira, Carlos, no jorobes –contesta Julia molesta mientras intenta que los dos pequeños no se le escapen.

La boca del lobo está abierta y Carlos no tiene otra que convertirse en **cebo**[9]. Loli se percata de la presencia de su jefe y amante, sonríe y encantadora se acerca a saludar. Está guapísima, piensa Carlos. Ha sustituido el traje de ejecutiva de Zara por unos Levi's clásicos; unas *All Star* azules que hacen juego con el cinturón; camiseta de manga larga ceñida de GAP y una chupa de cuero negra. El pelo suelto y ni una pizca de maquillaje. Belleza natural al cien por cien capaz de hacer perder los papeles a cualquiera.

–Julia, cariño, mira, esta es Dolores… digo, Loli, bueno, no sé. Os conocéis del teléfono. –Se adelanta Carlos para intentar controlar la situación.

A Julia se la trae al fresco. Bastante tiene con intentar que Carlitos, que no para de teclear en el *iPhone* que le regaló su padrino las últimas navidades, le haga algo de caso y que Beatriz deje de quitarle cosas del bolso para meterlo en su nueva mochila rastafari.

---

[8] **Marear:** enfadar, molestar.

[9] **Cebo:** comida que se da a los animales para alimentarlos o atraerlos.

–Hola guapa –le dice Julia a la joven con dos besos en sendas mejillas.

–Hola Julia, ya tenía yo ganas de ponerte cara, que tu marido ni una foto tuya me ha enseñado –contesta Loli en tono amable mientras se recoge el pelo.

Carlos la mata con la mirada mientras piensa cómo puede ser tan **patán**[10] para meterse en esos líos. Mientras tanto, Carlitos ha retirado la atención del *iPhone* y ahora no le quita la vista al pecho de Loli. Joder con mi padre, piensa, así iría yo también todos los días a trabajar. Loli, que no tiene un pelo de tonta, le acaricia la cabeza mientras le dice:

–Hola, pequeñajo. ¿Qué, de paseo con papá y mamá? –Con intención de bajar los humos al enano y salvar distancias. Carlitos se limita a poner una cara mezcla de rabia y asentimiento con una sonrisa forzada. Decide volver a tirar de *iPhone*.

Loli vuelve con sus amigas. Mientras, Carlos y familia toman algo, pagan y cruzan a Casa Lucio, típico restaurante madrileño famoso por sus huevos rotos. Carlos ha reservado una hora antes desde su *Blackberry*.

–Muy mona la niña esta, ¿no? –pregunta Julia con la única e inocente pretensión de hablar de algo que no fueran los suspensos del niño o los problemas de comunicación de la pequeña Bea en el colegio.

–Sí, bueno, no sé... yo qué sé. Esto... ¿qué pedimos? –contesta Carlos intentando cambiar de tema.

La comida transcurre sin mayor incidencia más allá de que Carlitos, que entre que unos días antes había visto en casa de un amigo la película *Supersizeme* en la que un norteamericano se hincha a **engullir**[11] hamburguesas de McDonald´s durante no sé cuántos días y casi muere de colesterol, y a que está en esa edad estúpida en la que nos creemos todo, se había negado a in-

---

[10] **Patán:** grosero o maleducado.

[11] **Engullir:** tragar la comida atropelladamente y sin mascarla.

gerir grasas saturadas. Por supuesto sin saber lo que son porque la tarta de chocolate la devoró en dos bocados. Julia se queda intranquila con su marido.

–¿A qué habrá venido esa reacción? –se pregunta. Carlos y ella habían llegado a tal punto de confianza que bromeaban sobre el físico y los encantos de terceros de manera inocente y natural. ¿Qué había pasado esa vez?

* * *

Carlos siguió con sus escarceos amorosos con Loli. Ni él, ni su amante ni su mujer volvieron a comentar nada hasta aquel fatídico 7 de diciembre de 2007 en el que Carlos entró corriendo al banco a intentar desviar los ahorros, fondos de pensiones e inversiones que compartía con Julia desde su matrimonio a una cuenta que acababa de abrir en Suiza.

Una semana antes, la empresa en la que trabajaba Carlos se declaró en concurso de acreedores. Aquel verano de 2007 había estallado la crisis provocada por las hipotecas *subprime* que cogió con los pantalones bajados a grandes firmas. *Caglo Technologies*, la multinacional de la que formaba parte Carlos, había pagado 6 000 millones de dólares por el 70 % del capital de *Botech*, su principal competencia, en noviembre del año anterior. Una deuda a pagar en cinco años cuyo primer tramo ya incumplió *Caglo* por la falta de ingresos provocada principalmente por la **estrepitosa**[12] caída del consumo. Los bancos acreedores no se creyeron el nuevo plan de negocio y unánimemente declinaron refinanciar la deuda.

El huracán llegó a la filial española a principios de noviembre de 2007. A Carlos le recortaron drásticamente el presupuesto y, entre otras medidas, debía prescindir de una de sus dos secretarias.

[12] **Estrepitoso, a:** que causa ruido.

No lo dudó. Con los tiempos que corrían había que salvar el pellejo y por una vez pensó con la cabeza y se quedó con Maribel. Lo que no meditó suficiente fueron los pros y los contras de prescindir de Loli. Y no estamos hablando del ámbito laboral precisamente.

Carlos le comunicó su decisión a la joven decorándola con la típica película de que «son órdenes de arriba». Loli, gran actriz y experta en guardar las formas, no solo aceptó la decisión, sino que incluso le dio las gracias y un abrazo por todo lo que había hecho por ella. Carlos no solo lo creyó a pie juntillas, sino que llegó a sentirse muy superior a aquella joven. Qué equivocado estaba.

En una de sus múltiples subidas a fumar a la azotea, Loli se deslizó en su despacho y le puso un correo electrónico a Julia haciéndose pasar por el directivo. «Julia, cariño, tenemos que hablar seriamente. Prefiero decírtelo directamente y hablarlo esta noche: me he acostado con Loli». La joven puso en copia en el envío al propio Carlos que en ese momento notó cómo le vibraba la *Blackberry*. Casi no había acabado de leer el correo cuando vio en la pantalla del dispositivo que Julia le estaba llamando. Colgó y apagó el teléfono.

Bajó corriendo a su despacho con intención de encontrar a Loli pero esta ya había desaparecido. Se encerró y se echó a llorar de impotencia. Sabía que Julia le aceptaría cualquier manía, defecto o error, pero nunca una infidelidad. El llanto se convirtió en falta de aire y esta en locura. Llamó a su asesor financiero personal y le pidió que le abriera una cuenta en Suiza lo antes posible. En menos de dos horas contaba con ella.

Bajó a la carrera los doce pisos de la torre de AZCA, el rincón financiero de Madrid, en la que se encontraba *Caglo Technologies* y esquivando los coches cruzó al galope los ocho carriles que separan las aceras del paseo de la Castellana hasta llegar a la sede del BBVA que se encuentra en la semiesquina de Castellana con Joaquín Costa, justo enfrente de los Nuevos Ministerios, actualmente sede del Ministerio de Trabajo. Entró directamente en el despacho del director de la sucursal.

–Paco, tío, deja lo que estés haciendo y hazme caso –dijo entre suspiros.

–¡¡Qué pasa!! –exclamó Francisco Gonzaga al ver a uno de sus mejores clientes asustado, sudando y dando gritos.

–No te lo vas a creer pero Julia se ha vuelto loca. Dice que le he puesto los cuernos con mi secretaria y que me va a dejar y se va a quedar con los niños y con todo. Necesito que desvíes los ahorros y el fondo de pensiones a esta cuenta que te doy aquí –mintió Carlos. Su colega Paco se le queda mirando exhausto sin hacer nada–. Tío, Paco, es momentáneo, de verdad, hasta que pase el susto... Es un mecanismo de defensa. Sabes que puedo hacer esas transferencias pero sin tu ayuda no las puedo realizar con la inmediatez que necesito. Pónmelo fácil, por favor –dijo en un tono casi amenazante.

Aunque solo fuera por el dinero que le había hecho ganar en los últimos años, las pocas ganas de discutir y lo poco que conocía a Julia, Francisco ejecutó lo que su cliente le pedía y, en menos de una hora, Carlos ya contaba con todo su arsenal monetario en exclusiva para él en una cuenta suiza. Tres horas después se encontraba solo en el Irish Rover, un bar irlandés a un cuarto de hora andando de AZCA, entre el estadio Santiago Bernabéu y la plaza de Cuzco, ebrio y con la quinta pinta de cerveza en la mano.

No muy lejos de allí, en el centro comercial *Moda Shopping*, Julia paseaba tranquilamente con los pequeños con la intención de comprar un jersey de invierno a Beatriz. Elegida ya la prenda se disponía a pagar cuando la dependienta muy amablemente le señala que su tarjeta no funciona ni pasando la banda magnética ni introduciendo los números en la máquina de cobro. Julia intenta ponerse en contacto con Carlos y le vuelve a saltar el contestador al igual que unas horas antes.

Como tiene tiempo y está cerca de la sucursal en la que sabe que Carlos es conocido decide acercarse y preguntar. La chica de ventanilla, tras consultar el ordenador le cuenta los movimientos que registra esa cuenta. Julia, asustada, vuelve a marcar el número de Carlos en el móvil; la respuesta es la misma. Tercer mensaje en el buzón. Asustada pensando que a su marido le ha pasado algo y que además les han robado decide hablar con el jefe de la sucursal para ver si puede aclarar algo. Paco, que tiene unas ganas locas de irse a casa, ya que además odia los jueves porque es el único día de la semana que les hacen trabajar por la tarde, decide zanjar el asunto con la verdad. Le cuenta exactamente lo que Carlos había hecho y le había contado. Julia no entiende nada. ¿Carlos desviando fondos de esta forma excusando que yo le he acusado de acostarse con la imbécil de su secretaria? Algo no cuadra, piensa. Sale de la sucursal completamente desconcertada con un niño a cada lado y decide volver a casa.

Al entrar por la puerta y ver el bolso rastafari de la pequeña Bea colgado en el perchero de la entrada le viene a la cabeza aquel episodio tan extraño de tapas por el casco viejo. Algo no encaja. Y, ante el **eslabón**[13] perdido llega a una conclusión: Carlos y Loli se han escapado juntos. Decide llamar a Maribel, con quien hace tiempo que no habla, pero con quien siempre ha tenido buena relación. Esta se limita a decirle lo que ella ha visto: que Carlos ha despedido a Loli y que ha desaparecido del despacho poco antes de la hora de la comida.

Aquella noche Carlos no apareció por casa. A la mañana siguiente Julia decide plantarse en *Caglo* a intentar esclarecer algo. Pregunta por Maribel en recepción, como establece el protocolo. Maribel le dice al conserje que mejor no suba nadie. Pero Julia se empeña y Maribel acaba cediendo. Al llegar al despacho

---

[13] **Eslabón:** pieza en forma de anillo o de otra curva cerrada que enlazada con otras forma cadena.

de su marido se encuentra a Loli y a Maribel con lágrimas en los ojos mientras dos auditores junto a un policía buscan, rebuscan y desordenan el despacho de Carlos incluyendo los archivos bajo llave, el ordenador de sobremesa y el portátil.

En el proceso de auditoría exhaustiva que había comenzado una semana atrás en *Caglo* se habían encontrado varias irregularidades. El día anterior dos auditores se dieron cuenta de que entre los gastos del departamento de Marketing había un montante en facturas de más de 10 000 euros correspondiente a viajes, comidas, compras de tecnología e incluso algún pago médico que no se correspondía en absoluto con la actividad del departamento.

Julia intenta esclarecer algo de la situación con las dos personas que más tiempo pasan al día con su marido. Maribel y Loli, entre la sorpresa, la decepción y el susto poco pueden aportar. La mujer de Carlos opta por no sacar la conversación que mantuvo el día anterior con Francisco, ya que ni sabe hasta qué punto es verdad ni Loli parece estar en su momento más receptivo.

Llamadas a la policía, hospitales, familiares, amigos... La desaparición de Carlos se acaba convirtiendo en un asunto nacional y empieza a copar espacios en la prensa escrita, radios, televisión e Internet. La misión de caza y captura es doble: por un lado, su familia, y por otro su empresa.

* * *

DURANTE LA LECTURA

1. **Con tu compañero, escribe el nombre de los personajes que se describen a continuación.**

a. Es la secretaria y amante de Carlos. ....

b. Es la mujer de Carlos. ....

c. Son los hijos de Carlos. ....

d. Es el director de la sucursal del banco donde tiene la cuenta Carlos.

....

e. Es la secretaria más eficiente de Carlos. ....

2. **Con tu compañero, responde las siguientes preguntas.**

a. ¿Dónde trabaja Carlos?

b. ¿Dónde se encuentran Carlos y su familia a Loli?

c. ¿Qué ocurre el 7 de diciembre de 2007?

d. ¿Qué medidas toma Carlos y qué consecuencias tiene?

e. ¿Cómo reacciona Carlos ante las consecuencias?

f. ¿Qué piensa Julia?

3. **Cuando Carlos deja a Loli, se siente superior a ella. ¿Por qué crees que Carlos siente esto? ¿Podrías decir que Carlos es un hombre machista? Con tu compañero, contesta estas preguntas y busca en el texto algunas evidencias de tu opinión al respecto y apúntalas a continuación.**

a. ....

b. ....

c. ....

d. ....

4. **¿Conoces a alguien como Carlos? ¿Es típico que los hombres con poder en tu país tengan este tipo de comportamiento? Coméntalo con tu compañero.**

5. **¿Cómo crees que continúa la historia? Escribe un pequeño texto sobre lo que piensas que le ha podido suceder a Carlos.**

Han pasado dos años. *Caglo Technologies* ha desaparecido dejando un agujero de más de 5 000 millones de dólares y a millones de accionistas denunciando a su Consejo de Administración. Maribel ha encontrado trabajo como *Assistant* de un magnate dedicado a gestionar carteras de valores de primer nivel. Julia ha rehecho su vida. Vendió todas las posesiones ayudada por Francisco, el director de la sucursal, y se mudó a un piso más modesto. Además, encontró trabajo como decoradora de locales en una cadena de hamburgueserías que comenzaba su proceso de expansión en España aprovechando el tirón que estaba teniendo la comida rápida gracias a la crisis. Los pequeños ya casi no se acuerdan de su padre. Incluso Carlitos ha mejorado su actitud escolar y la pequeña Bea, que ya tiene 12 años, lleva con bastante madurez los efectos de la **edad del pavo**[14].

* * *

Julia nunca quiso investigar qué pasó en realidad con su marido. Colocó a Carlos, Loli y Maribel en una caja fuerte en el arcano del subconsciente. Hasta que no tuvo más remedio que desenterrar la historia.

Se estaba celebrando la segunda sesión de un juicio contra Carlos García de Bodegas denunciado por la extinta *Caglo Technologies* por malversación de fondos de la empresa. Entre las pruebas salieron a la palestra todos los correos electrónicos que había en su servidor el fatídico día de su desaparición. Julia

[14] **Edad del pavo:** edad que se pasa de la niñez a la adolescencia, lo cual influye en el carácter y en el modo de comportarse.

pudo leer aquel mensaje escrito más de dos años atrás. Y se fijó en el detalle de que su dirección, *julia_gimeno@gmail.com*, aparecía como *julia_jimeno@hotmail.com*. Aquel correo se había quedado sin destinatario muerto en la bandeja de salida del servidor de Carlos. Algo no le cuadraba a Julia. ¿Su marido cometiendo un error con su apellido? Imposible. Aquí había gato encerrado.

Haciendo de tripas corazón escribió Dolores Sánchez Trucker en Google. La primera entrada era la de Loli en la red social *LinkedIN*. Dicha aplicación permite enviar mensajes directos así que narró a la joven ex secretaria de su desaparecido marido lo que había averiguado. Diez minutos después recibió la siguiente respuesta:

Querida Julia: aún no me he quitado de la cabeza aquel día. Una semana después de que nos viéramos en la oficina delante de aquellos hombres haciendo preguntas hice las maletas y volví a Santander a casa de mis padres. He montado con mi hermana una tienda por Internet de productos típicos cántabros. Nos va bastante bien.

Creo que ya es hora de que te cuente lo que pasó aquel día hasta donde yo sé. Carlos me despidió alegando una orden internacional de reducción de costes. Es cierto que nos acostábamos juntos, creo que es estúpido negarlo a estas alturas. Pero mi intención no fue crearos un cisma familiar, sino demostrar a Carlos hasta dónde era capaz de llegar si me despedía. El fallo al escribir tu dirección no fue una errata. Solo quería asustarle. Que al ver en ese correo, que nunca llegaría a ningún lado más que a su propio servidor, se diera cuenta del poder que yo ejercía sobre él. A partir de ahí sé lo mismo que tú. Y de Carlos jamás he vuelto a saber nada.

Julia contestó limitándose a darle las gracias. Una cosa era haber olvidado a Carlos y otra mostrarse cariñosa con la persona que había estado acostándose con su marido. Se quedó pensando y se dio cuenta de lo cobarde que había sido Carlos.

Se ha fugado con el dinero abandonando a su familia por no

enfrentarse a mí y a la justicia. Y encima ni se fijó en que ese correo nunca me llegó. O quizá sí se fijó pero le dio igual. Antes o después le iban a pillar el desfalco en la empresa y quizá no hizo más que adelantar su huida. Bueno, que le den, pensó. No quería volver a saber nada de él.

El siguiente domingo se llevó a comer a la Cava Baja a Carlitos y a Beatriz.

DESPUÉS DE LA LECTURA

1. **Contesta verdadero (V) o falso (F).**

	V	F
a. Carlos era muy admirado por sus compañeros.	☐	☐
b. Beatriz consigue su bolsa de rastafaris sin esfuerzo.	☐	☐
c. Julia no le da importancia al hecho de encontrar a Loli en el bar.	☐	☐
d. Julia no comprende la reacción nerviosa de su marido al comentar la belleza de Loli.	☐	☐
e. Las grandes compañías ya habían previsto la crisis provocada por las hipotecas *subprime*.	☐	☐
f. Francisco le ocultó a Julia la verdad.	☐	☐
g. Julia llama desesperadamente a Carlos porque ha recibido su *email*.	☐	☐
h. Las hamburgueserías se ven afectadas por la crisis.	☐	☐
i. Julia consiguió encontrar a Loli en Internet.	☐	☐

2. **Con tu compañero, sustituye las expresiones destacadas por una expresión similar a las que aparecen en el recuadro.**

> **resolver la situación • no importar en absoluto • perder el control • domar la altivez • comportarse educadamente • esforzarse para dominar el dolor • librarse de un peligro • ser infiel • creer sin dudas • aprovechar el momento oportuno • cruzar rápidamente • mirar mal**

a. Mientras [Loli] le dice: Hola, pequeñajo. ¿Qué, de paseo con papá y mamá? Con intención de **bajar los humos** al enano y salvar distancias.

b. Con los tiempos que corrían había que **salvar el pellejo** y por una vez [Carlos] pensó con la cabeza y se quedó con Maribel.

c. Loli, experta en **guardar las formas**, no solo aceptó la decisión, sino que incluso le dio las gracias y un abrazo por todo lo que había hecho por ella.

d. Carlos no solo lo **creyó a pie juntillas**, sino que llegó a sentirse muy superior a aquella joven [Loli].

e. [Carlos] esquivando los coches **cruzó al galope** los ocho carriles que separan las aceras del paseo de la Castellana hasta llegar a la sede del BBVA.

f. [Francisco] decide **zanjar el asunto** con la verdad. Le [a Julia] cuenta exactamente lo que Carlos había hecho y le había contado.

g. [Loli] Belleza natural al cien por cien capaz de hacer **perder los papeles** a cualquiera.

h. Carlos la **mata con la mirada** [a Loli] mientras piensa cómo puede ser tan patán para meterse en esos líos.

i. [Julia] Dice que le **he puesto los cuernos** con mi secretaria y que me va a dejar.

j. Comenzaba su [las hamburgueserías] proceso de expansión en España **aprovechando el tirón** que estaba teniendo la comida rápida gracias a la crisis.

k. A Julia se la **trae al fresco**. Bastante tiene con intentar que Carlos, que no para de teclear en el iPhone que le regaló su padrino las últimas navidades, le haga algo de caso.

l. **Haciendo de tripas corazón** [Julia] escribió Dolores Sánchez Trucker en *Google*.

3. **Con tu compañero, lee las siguientes palabras y las definiciones sobre términos empresariales y financieros y une cada término con su definición.**

1. Defalco.
2. Bonus.
3. Dietas.
4. Fondo de pensiones.
5. Fondo de inversiones.
6. Auditoría.
7. Malversación de fondos.

a. Capitales destinados a la inversión de una pluralidad de personas.

b. Acto de apropiarse indebidamente de valores o fondos, por uno o más individuos a los que estos les han sido confiados en razón de un cargo.

c. Delito que cometen las autoridades o funcionarios que sustraen o consienten que un tercero sustraiga caudales o efectos públicos que tienen a su cargo.

d. Revisión de la contabilidad de una empresa, de una sociedad, etc., realizada por un auditor.

e. Paga que se da a quienes ejecutan algunas comisiones o encargos por cada día que se ocupan en ellos, o por el tiempo que emplean en realizarlos.

f. Capital que agrupa las aportaciones de un conjunto de planes de pensiones.

g. Dinero vinculado, en el ámbito económico o empresarial, al logro de determinados objetivos.

4. **Escribe un texto sobre lo que crees que fue de Carlos García de Bodegas. ¿Dónde está? ¿Qué pasó con él? Cuando termines, léelo a tu compañero y opina sobre su versión.**

Claves

ANTES DE LA LECTURA

1. 1. f; **2.** e; **3.** a; **4.** c; **5.** b; **6.** d.

DURANTE LA LECTURA

1. **a.** Loli; **b.** Julia; **c.** Carlitos y Beatriz; **d.** Francisco (Paco); **e.** Maribel.

2. **a.** En *Caglo Technologies*, en el centro financiero; **b.** En un bar de la Cava Baja; **c.** *Caglo technologies* se declara en concurso de acreedores, a Carlos le reducen el presupuesto y tiene que prescindir de una secretaria; **d.** Despide a Loli y esta envía un correo electrónico a la esposa de Carlos haciéndose pasar por él, confesándole su relación amorosa con Loli; **e.** Corre a desviar el dinero a una cuenta en Suiza; **f.** Que a su marido le ha pasado algo y que le han robado.

3. **a.** Loli tiene el mejor culo y es incompetente Maribel es fea y sosa; **b.** Maribel es fea y sosa pero muy competente; **c.** Su mujer sacrificó su vida laboral por la de su marido; **d.** Carlos se empeña en comer tapas a pesar de que su mujer ha preparado una laboriosa lasaña.

DESPUÉS DE LA LECTURA

1. **a.** F (Él cree que sí, pero no es así); **b.** F (Lo consigue a base de llantos); **c.** V; **d.** V; **e.** F (Los cogió con los pantalones bajados, es decir, por sorpresa); **f.** V; **g.** F (Porque no funciona la tarjeta); **h.** F (Tiene un proceso de expansión gracias a la crisis); **i.** V.

2. **a.** Domar la altivez; **b.** Librarse de un peligro; **c.** Comportarse educadamente; **d.** Creer sin dudas; **e.** Cruzar rápidamente; **f.** Resolver la situación; **g.** Perder el control; **h.** Mirar mal; **i.** Ser infiel; **j.** Aprovechar el momento oportuno; **k.** No importar en absoluto; **l.** Esforzarse para dominar el dolor.

3. 1. b; **2.** g; **3.** e; **4.** f; **5.** a; **6.** d; **7.** c.